KAISERPFALZ GOSLAR

Christoph Gutmann
Volker Schadach

Vorwort
Dr. Ursula Müller

VERLAG SCHADACH
LITERATUR AUS DEM HARZ

Dieses Porträt der Kaiserpfalz schließt in der reichhaltigen Literatur über Goslar für den interessierten Laien eine schon seit langem als bedauerlich empfundene Lücke. Die Kaiserpfalz, Symbol des Bauwillens der Ottonen, Salier und Staufer und Hauptmagnet unter den Perlen der Goslarer Sehenswürdigkeiten, war bisher im Schrifttum nur in Teilaspekten präsent.

Auf der einen Seite gibt es umfangreiche wissenschaftliche Bücher über die Baugeschichte der Pfalz wie die jüngste Arbeit von Wolfgang Frontzek/Torsten Memmert/Martin Möhle (1996), auf der anderen detaillierte kunsthistorische Untersuchungen über das Bildprogramm der Wandfresken im Reichssaal (Monika Arndt, 1976). Eine Zusammenschau der beiden Pole des Kaiserhauses, der mittelalterlichen Pfalz und des Nationaldenkmals des 19. Jahrhunderts, fehlte. Für den Goslar-Besucher existierten über den Gesamtkomplex Kaiserhaus nur Minimalabrisse in Veröffentlichungen über alle Sehenswürdigkeiten Goslars.

Volker Schadach, der sich als „Goslar-Porträtist" in der Personalunion Herausgeber-Fotograf einen klangvollen Namen erworben hat, ist es zu danken, dass der Leser durch die Verknüpfung von Geschichte in ihren wirtschaftlichen wie politischen Facetten, Kunstgeschichte und Architektur der Pfalz ein lebendiges Bild jener Tage in einem Reich ohne Hauptstadt gewinnt. Einer Pfalz, die zu den bedeutendsten Pfalzen des hochmittelalterlichen Imperiums zählte, und die Ausgang des 19.Jahrhunderts erneut Bedeutung als Nationaldenkmal des neuen Reiches gewann.

Die sehenswerte, im Jahr 2000 eröffnete Ausstellung über die mittelalterlichen Wanderkaiser im Erdgeschoss der Pfalz mit dem Kaiserstuhl als absolutem Höhepunkt, die bisher nur im Buch „Kaiserstadt Goslar" ihren Niederschlag fand, wird nun angemessen gewürdigt. Zudem vermitteln Fotos von der Anfang des 19. Jahrhunderts abgebrochenen und 2000 virtuell wieder errichteten Stiftskirche St. Simon und Judas eine Vorstellung von dem imposanten Eindruck, den diese beiden Pole mittelalterlichen Denkens und mittelalterlicher Herrschaft hervorgerufen haben müssen. Die Stiftskirche, die man in Goslar „Dom" nennt, ist mit Recht in den Bezirk der Kaiserpfalz einbezogen. Auch bei der Pfalz gibt es sprachliche Differenzen: Historisch korrekt handelt es sich nämlich um eine „Königspfalz", da das Nutzungsrecht dieser Reisestationen der mittelalterlichen Herrscher an die Königswürde und nicht an die Kaiserwürde geknüpft war.

Die Kaiserpfalz aus verschiedenen Perspektiven

Reiterstandbilder,
Ulrichskapelle
und Dornröschenturm

Mit seinem Vorhaben hatte Herausgeber Volker Schadach beim Kulturamt der Stadt Goslar offene Ohren und in Christoph Gutmann, dem wissenschaftlichen Mitarbeiter des Amtes, zugleich einen Autor gefunden. Gutmann kennt sich aus, da er neben der Amtsleiterin, Dr. Heidi Roch-Stübler, die Ausstellung im Erdgeschoss der Pfalz wesentlich mitgestaltet und die Texte zu den einzelnen Exponaten verfasst hat. Als Historiker leuchtet er geschickt den geschichtlichen Hintergrund der Pfalz aus, in der die Kaiser zu glänzenden Reichstagen zusammenkamen. Einer Pfalz, die der Braunschweiger Bauhistoriker Cord Meckseper „schon ihrer historischen Bedeutung vor allem in salischer wie staufischer Zeit wegen zu den bedeutendsten Pfalzen“ des hochmittelalterlichen Reichs zählt. Die herausragende politische Stellung der Goslarer Pfalz fand ihren kongenialen Ausdruck in dem Monumentalbau mit der einzigartigen Ausformung ihrer Fassade. An Hand der Wandbilder des Düsseldorfer Historienmalers Hermann Wislicenus in der „aula regis“ macht Christoph Gutmann deutlich, dass man mit der Restaurierung der Pfalz nach der Reichsgründung 1871 dem Kaiserhaus bewusst den Rang eines Nationaldenkmals verlieh.

Die technisch brillanten, aus ungewöhnlichen Blickwinkeln aufgenommenen Fotografien Schadachs lassen die Pfalz im Glanz ihrer kaiserlichen Geschichte erstrahlen und setzen optisch außergewöhnliche Akzente. Die in den Jahren 1997 bis 2002 restaurierten Monumentalgemälde wirken in ihrer Farbintensität wie ein mittelalterlicher Bildteppich und gewinnen in den Fotos faszinierende Lebendigkeit. Mit diesem Bildband hat der Pfalz-Besucher einen Führer, der den Blick auf leicht zu übersehende Details lenkt und in Gemeinschaft mit dem Text eine für uns heute ferne Welt erschließt. Ob der Hund auf dem Sarkophag zu Füßen des Pfalzerbauers Heinrichs III. als Symbol der Treue, das metallene Rankenwerk an den Lehnen des Kaiserstuhls mit den Granatäpfeln oder prächtige Kapitelle: „Randerscheinungen“, die das Bild einer großen Vergangenheit und ihrer Kunst zum Greifen nahe bringen.

Der Goslarer Kaiserpfalz kam im Mittelalter „eine Schlüsselfunktion für die Geschichte des repräsentativen Saalbaus zu“ (Cord Meckseper). Dass dieses Bauwerk, eingebettet in sein historisches Umfeld, im vorliegenden Band seine kurzgefasste, prägnante Würdigung erfährt, ist für Touristen wie für Goslarer gleichermaßen erfreulich.

Im Schatten der Kaiserpfalz: Häuserzeile am Liebfrauenberg

Dr. Ursula Müller

Reisende Könige in einem Reich ohne Hauptstadt

Ob Demokratie, Monarchie oder Diktatur, die Regierung eines jeden Staates unserer heutigen Welt verfügt über einen festen Regierungssitz - in der Regel in der Hauptstadt ihres Landes - , von dem aus sie ihre Geschäfte tätigt.

Im Mittelalter war dies grundlegend anders. Ein herausragendes Merkmal mittelalterlicher Herrschaftspraxis war das Reisekönigtum. Der König und sein „Hof", dessen Mitgliederzahl sich zwischen 100 und annähernd 2000 Personen bewegte, befanden sich auf einer ständigen Reise durch das Reich, hielten sich manchmal nur eine Nacht, selten länger als zwei Wochen am gleichen Ort auf.

Die Ursachen für diese Herrschaftspraxis waren vielfältig: Zum einen waren Landwirtschaft und Infrastruktur nicht leistungsfähig genug, um eine so große Menschengruppe an immer dem gleichen Ort mit Nahrung zu versorgen. Vereinfacht ausgedrückt, der König und sein Gefolge mussten die Lebensmittel dort konsumieren, wo sie hergestellt wurden.

Hinzu kommt, dass - obwohl die deutschen Könige im Europa des 11. Jahrhunderts zweifellos eine dominierende politische Position innehatten - die Intensität ihrer Herrschaft begrenzt war. Sie regierten nämlich nicht über geschlossene Gebiete, sondern über adlige Grundherren, von denen die Masse der Bevölkerung abhängig war. Etwas überspitzt formuliert: der König konnte seinen Willen gegenüber diesen Grundherren nur durchsetzen, wo er persönlich anwesend war.

Die Stationen der königlichen Dauerreise waren die Königspfalzen - so die eigentlich zutreffende Bezeichnung, denn das Nutzungsrecht war an die Königs-, nicht an die Kaiserwürde geknüpft. Sie boten angemessene Unterkunft für den Herrscher und seine Begleitung und dienten als Versammlungsorte für Zusammenkünfte mit den Großen des Reiches.

Von Werla nach Goslar

Mit dem Übergang der Herrschaft von den Karolingern an das sächsische Geschlecht der Liudolfinger (Heinrich I., 919) rückte der bisher eher königsferne ostsächsische und nordthüringische Raum in den Blickpunkt der Reichspolitik. In Magdeburg und Quedlinburg entstanden die wichtigsten Stützpunkte königlicher Macht, ergänzt durch kleinere Pfalzen in Memleben, Nordhausen, Mühlhausen, Pöhlde und Grone - um nur einige zu nennen.

Eine weitere entstand in Werla, ca. 20 Kilometer nördlich des Harzrandes auf einem terrassenartigen Plateau über der Oker. Für annähernd 100 Jahre - vom ersten urkundlichen Nachweis 924 bis in das zweite Jahrzehnt des 11. Jahrhunderts - kam dieser Pfalz eine besondere Bedeutung zu, denn sie vereinigte vier wichtige Funktionen auf sich: sie war ein gut gesicherter militärischer Stützpunkt, war Veranstaltungsort für königliche Hoftage und sächsische Fürstentage und schließlich wirtschaftlicher Mittelpunkt und Verwaltungszentrum des königlichen Besitzes im Harzraum.

Am 13. März 1009 findet unter Heinrich II. eine Reichsversammlung statt, bei der in Anwesenheit von geistlichen und weltlichen Würdenträgern der Kleriker Meinwerk zum Bischof von Paderborn geweiht wird. Ort dieser Zusammenkunft ist aber nicht Werla, sondern das 16 Kilometer südlich gelegene Goslar.

Diese Nachricht mag auf den ersten Blick nicht sonderlich aufregend wirken, sie ist aber der erste Hinweis auf die Existenz eines Königshofes in Goslar. Denn ein politisch-religiöses Ereignis vom Rang einer Synode wurde nie an einem beliebigen Ort begangen. Voraussetzung war - neben einer funktionierenden Infrastruktur für die angemessene Versorgung der zahlreichen Teilnehmer -, dass ein repräsentatives Gebäude von ausreichender Größe existierte. Zum ersten Mal zeichnet sich die Königspfalz in Goslar ab, die nicht einmal fünf Jahrzehnte später zu den bedeutendsten Regierungsorten des Reiches gehören sollte.

Wo genau die Versammlung des Jahres 1009 abgehalten wurde, wissen wir nicht. Lange Zeit haben sich Historiker, Bauforscher und Archäologen intensiv mit der Frage auseinandergesetzt, ob die erste Königspfalz in Goslar auf dem nördlich der Stadt gelegenen Georgenberg stand. Neueste Forschungsergebnisse sprechen deutlich gegen diese Theorie. Die jetzt erfolgte Auswertung einer wissenschaftlichen Grabung unter Leitung von Prof. Hartmut Rötting, die zwischen 1977 und 1984 auf dem Liebfrauenberg stattfand, hat ergeben, dass hier schon in der Zeit um die Jahrtausendwende oder kurz danach ein repräsentativer Steinbau und weiter ein Sakralbau an Stelle der St. Ulrichskapelle („St. Ulrich I") existierten.

Eine weitere Frage drängt sich beim Blick auf eine Landkarte auf: Was mag Heinrich II., den letzten Herrscher aus dem Geschlecht der Liudolfinger, dazu bewogen haben, mit einer neuen Pfalz in Goslar der

königlichen Reiseroute eine weitere Station hinzuzufügen und sich von der hervorragend ausgestatteten Pfalz Werla abzuwenden?

Auch wenn sich eine beweiskräftige Antwort in den historischen Quellen nicht finden lässt - zwei Gründe bieten sich an: Zum einen war Werla - wie schon erwähnt - auch Versammlungsort der notorisch aufmüpfigen sächsischen Stammesherzöge. Es ist gut vorstellbar, dass der König eine Alternative zu diesem politisch „vorbelasteten" Ort suchte, eine Möglichkeit, die selbständige Stellung des Königtums gegenüber den Regionalfürsten zu demonstrieren.

Entscheidend ist aber wohl die Anziehungskraft, die das Umfeld der neuen Pfalz in der entstehenden Stadt Goslar ausübte. Am Rammelsberg wurde - wie die Montanarchäologie bewiesen hat - schon Jahrhunderte zuvor Kupfer gewonnen, und auch die silberhaltigen Oberharzer Gangerze wurden schon mit Beginn des neuen Jahrtausends ausgebeutet. Und so gab es nicht nur eine Siedlung der Berg- und Hüttenleute zu Füßen des Rammelsberges, sondern auch eine Kaufleutesiedlung im Tal an der Gose, von der aus die Produkte des Bergbaus in den Handel gebracht und der Bedarf der Berg- und Hüttenleute gedeckt wurde. Hier befand sich das Zentrum einer entstehenden Wirtschaftsregion von großer Bedeutung.

Fünf Mal lässt sich die Anwesenheit Heinrichs II. in der Goslarer Pfalz nachweisen. Sie spielte damit noch keine herausragende Rolle in seinem Itinerar, seinem „Reisetagebuch", - wie z.B. Merseburg mit 26 oder Magdeburg mit 16 Aufenthalten - Werla hatte sie aber fast verdrängt: hier hielt sich der Herrscher nur noch zwei Mal auf.

Schon unter seinem Nachfolger Konrad II., dem ersten Herrscher aus dem Geschlecht der Salier, kam der Goslarer Pfalz eine größere Bedeutung zu. Nicht allein Häufigkeit und Dauer seiner Besuche sprechen dafür, sondern auch ihre Terminierung: allein drei Mal verbrachte er hier Weihnachten, eines der höchsten Feste des Kirchenjahres. Dies war kein Zufall, denn hohe Kirchenfeste waren immer auch Gelegenheiten herrscherlicher Repräsentation, die an sorgfältig ausgewählten Orten vollzogen wurde.

Konrad war aber nicht nur Besucher der Goslarer Pfalz, er war auch Bauherr: die Liebfrauenkapelle, eine doppelstöckige, zweitürmige Kirche im Nordosten des Pfalzgeländes, war seine Gründung. Sie verfiel im 17. Jahrhundert und wurde später vollständig abgebrochen.

Zeugen 300-jähriger Baugeschichte: Architekturfragmente aus der Ausstellung in der Kaiserpfalz
Rechts: Rekonstruktion der salischen Pfalz von U. Hölscher

Die „salische“ Pfalz

Im Juni 1039 trat Heinrich III. die Nachfolge seines verstorbenen Vaters an. Kein anderer Herrscher spielte für die Geschichte der Goslarer Kaiserpfalz eine ähnlich überragende Rolle wie er.

Vermutlich um 1045 ließ Heinrich die Versammlungsstätte seiner Vorgänger abbrechen und begann mit dem Neubau eines Palastes, der in der Baukunst dieser Zeit ohne Beispiel war. Der Saalbau, im Kern noch heute erhalten, ist mit 47 x 16 Metern der größte Profanbau salischer Zeit, sein monumentales Erscheinungsbild wird durch die Lage auf der Höhe des Liebfrauenberges noch unterstrichen.

Mindestens 22 mal hielt Heinrich III. sich in der Goslarer Pfalz auf, annähernd 200 Besuchstage lassen sich nachweisen oder mittelbar erschließen (im Vergleich zu 80 Besuchstagen in Regensburg und ca. 50 in Aachen und Speyer). Hier feierte er häufig wichtige Kirchenfeste wie Ostern, Pfingsten und Weihnachten, hier nahm er Regierungshandlungen von großer politischer Bedeutung vor und hier kam am 11. November 1050 sein erster Sohn und späterer Nachfolger Heinrich IV. zur Welt.

Es ist aus heutiger Sicht außerordentlich schwierig, sich ein auch nur einigermaßen präzises Bild von der Pfalz in dieser Epoche auszumalen. Über die sicher recht zahlreichen Nebengebäude - Wohn-, Wirtschafts- und Stallanlagen - wissen wir praktisch nichts, denn eine flächendeckende archäologische Untersuchung des Areals hat nie stattgefunden. Vom Saalbau hat der Bauforscher Uvo Hölscher in seiner 1927 erschienenen Untersuchung ein Bild entworfen, das zwar nicht frei von phantasievollen Ausschmückungen ist, uns aber eine Vorstellung vermittelt.

Von Anfang an handelte es sich um ein quergelagertes, zweigeschossiges Bauwerk, wobei auch das Erdgeschoss ursprünglich von einem durchgehenden Saal eingenommen wurde. Die Spitztonnengewölbe, die diesen Bereich heute in sieben Räume unterteilen, wurden erst im 13./14. Jahrhundert - vermutlich nach einer Brandkatastrophe - eingebaut. Schon im Ursprungsbau war das Obergeschoss durch großzügige, repräsentative Fensterarkaden gegliedert. Ihr heutiges Aussehen allerdings wird durch einen Umbau in staufischer Zeit bestimmt. Ob schon bei der ersten Anlage die Gebäudemitte durch eine Art Querhaus betont war, wie wir es heute sehen, oder das Dach wie in Hölschers Rekonstruktion als Fläche durchlief, wissen wir nicht. Auch für den altanartigen Vorbau auf der Rekonstruktionszeichnung fehlt der endgültige Nachweis.

Wie heute, so befanden sich auch ursprünglich alle repräsentativen, gliedernden und schmückenden Architekturmotive ausschließlich an der Ostfront - hier war die „Schauseite“, während die Giebelseiten und die Westseite schlicht gemauert waren. Eine „Durchfensterung“ des

oberen Saales an der Rückseite wäre auch überhaupt nicht vorstellbar gewesen. Allein die großen Öffnungen im Osten werden die Nutzbarkeit des oberen Saales bei widrigen Wetterbedingungen stark eingeschränkt haben, denn zu einer Verglasung so großer Fensterflächen war man technologisch natürlich noch nicht in der Lage. Für die Fälle, in denen der Ostwind klirrende Kälte in den oberen Saal trieb, stand unten ein Raum von gleicher Fläche zur Verfügung. Er war mit seinen kleinen Fensteröffnungen nicht nur besser geschützt, sondern verfügte sogar über eine Warmluftheizung, die auch bei winterlichen Bedingungen eine Temperierung auf ca. 16° ermöglichte. Heute gewährt ein „Schaufenster“ im Fußboden des zweiten Ausstellungsgewölbes einen Blick in diese mittelalterliche Zentralheizung.

Rechts auf Hölschers Zeichnung ist die schon erwähnte, unter Konrad II. erbaute Liebfrauenkapelle abgebildet. Ihre Grundmauern hatte Hölscher selbst ausgegraben und dabei den Grundriss rekonstruieren können. Durch die Schichtung des Bauschutts kam er zu dem Schluss, dass es sich um ein zweigeschossiges Bauwerk gehandelt hatte. Alle anderen Details sind dagegen mehr oder minder frei erfunden, denn auch ein mit aller Sorgfalt ergrabenes Fundament verrät uns nichts

Zapfenkapitell und Palmettenkapitell, Sandstein, 1140 bis 1180

über die Größe und Anordnung der Fenster, die Neigung des Daches oder die Form der Turmhauben.

Ähnlich verhält es sich mit dem nördlichen Wohnbau zwischen Saal und Liebfrauenkapelle. Hier kennen wir allerdings noch nicht einmal den Grundriss, denn an gleicher Stelle wurde Jahrhunderte später der Flügel errichtet, in dem sich heute der Eingangsbereich und der Museumsshop befinden.

Ein Vergleich mit der aktuellen Situation zeigt, dass alle Baukörper südlich des Saalbaus auf Hölschers Rekonstruktion der salischen Pfalz fehlen: das Torhaus mit der dahinter befindlichen „Durchfahrt“, der Verbindungsgang zur St. Ulrichskapelle und schließlich die Ulrichskapelle selbst.

Torhaus und Durchfahrt wurden tatsächlich erst in der staufischen Epoche errichtet. Eine dendrochronologische Untersuchung („Baumringdatierung“) der mächtigen Deckenbalken ergab als Fälldatum (und damit als frühesten Termin der Erbauung) das Jahr 1182.

Schwieriger ist die Situation bei der St. Ulrichskapelle. Nachdem sich Architekturhistoriker jahrzehntelang vehement über den Entstehungszeitraum gestritten hatten, waren sie zu dem Schluss gekommen, dass sie wohl aus dem frühen 12. Jahrhundert stammt. Neueste archäologische Untersuchungen haben dagegen - wie schon erwähnt - den Nachweis erbracht, dass die Grundmauern gut 100 Jahre weiter zurückreichen, dass unmittelbar westlich dieser Kapelle sogar ein Wohnturm aus dem 10. Jahrhundert stand.

Es lässt sich nicht verhehlen: unsere Kenntnisse über die baulichen Details der Goslarer Kaiserpfalz kurz nach ihrer Gründung sind noch relativ beschränkt, bedürfen der weiteren Forschung und Diskussion.

Eines ist aber sicher: die Zeitgenossen hatten noch nie ein weltliches Gebäude von derartiger Größe und Pracht gesehen. Der Chronist Lampert von Hersfeld schreibt in seinen ca. 30 Jahre nach dem Neubau durch Heinrich III. erschienenen Annalen ganz selbstverständlich vom „clarissimum regni domicilium“, vom berühmtesten Wohnsitz des Reiches.

Zu dieser Berühmtheit trug freilich auch die Bedeutung als „politischer Tatort“ bei. Neben Reichs- und Hoftagen ist besonders das Treffen von Papst Viktor II. und Heinrich III. im Jahr 1056 hervorzuheben, eines der ganz seltenen geistlich-weltlichen Gipfeltreffen auf deutschem Boden. Damit war Goslar - was die repräsentative, rechtliche und integrative Funktion angeht - zu einem politischen Herrschaftsvorort des Reiches geworden. Diese Rolle blieb bei wechselnder Intensität für 200 Jahre erhalten. Nur drei der 15 in dieser Zeit regierenden Könige, Gegen-

Aus der Serie „virtueller Dom“: Kaiserpfalz mit Stiftskirche

könige und Kaiser haben die Goslarer Kaiserpfalz nicht als Stützpunkt ihrer Herrschaft genutzt.

Die Stiftskirche St. Simon und Judas

Goslar-Besucher werden sich angesichts der obigen Luftaufnahme verwundert die Augen reiben. Sollten sie bei ihrer Besichtigung der Kaiserpfalz die imposante Kirche zu Füßen des Liebfrauenberges einfach übersehen haben? Haben sie nicht genau auf dem Platz, den der wuchtige Sakralbau einnimmt, ihr Auto geparkt?
Schon ein genauerer Blick auf die Fotografie offenbart verdächtige Farbabweichungen und Unterschiede in der Tiefenschärfe - man sieht: es handelt sich um eine Fotomontage. Die mit dem Computer erstellte „virtuelle“ Rekonstruktion der zwischen 1819 und 1822 abgebrochenen Stiftskirche St. Simon und Judas, täglich vorgeführt im Wintersaal der Kaiserpfalz, ist in eine aktuelle Luftaufnahme hineingeschnitten worden. Heute existiert nur noch die nördliche Eingangshalle, die „Domvorhalle“, mit ihrer eindrucksvollen Doppelarkade, die sich auf die kunstvoll verzierte „Hartmannus“-Säule stützt.
Warum beschäftigt sich ein Buch über das wichtigste Baudenkmal Goslars, die Kaiserpfalz, mit einer Kirche, die vor fast 200 Jahren an einen Maurermeister verkauft und von diesem als „Steinbruch“ zum Abbau verwertbaren Baumaterials betrieben wurde?
Wenn wir heute von der „Kaiserpfalz Goslar“ sprechen, so meinen wir damit den eindrucksvollen Saalbau, der mit seiner exponierten Lage

Oben:
Aus der Entstehungsphase der virtuellen Rekonstruktion: Datensatz als „Gitter“

Unten:
„Virtueller Dom“ bei Nacht

Rechte Seite:
Die Domvorhalle

TVENDIS
INSTAVR

die Stadt zu beherrschen scheint. Ursprünglich aber war eine Königspfalz ein ganzer Bezirk. Neben einem zentralen Repräsentationsbau gehörten zu einer Pfalz Wohngebäude für den König und sein Gefolge, Wirtschaftshöfe, Stallungen für die Reit- und Tragetiere und schließlich Sakralbauten, zumindest eine Pfalzkapelle. In Goslar waren es sogar zwei: die noch heute existierende St. Ulrichskapelle und die schon erwähnte Liebfrauenkapelle.

Auch die zwischen 1040 und 1050 erbaute und 1051 geweihte Stiftskirche St. Simon und Judas war Bestandteil dieses Bezirks.

Auftraggeber für die Errichtung dieses wichtigsten Sakralbaus des 11. Jahrhunderts war – ebenso wie für den Aus- und Umbau des Palastes – Kaiser Heinrich III. Die Kirche, benannt nach den beiden Geburtsheiligen des Herrschers, war das erste Pfalzstift der nachkarolingischen Zeit.

Um einen Eindruck von der Bedeutung des Stifts zu gewinnen, müssen wir über unsere Vorstellung von einer Kirche als Versammlungsstätte der Gemeinde hinausgehen. Es handelte sich um eine Ausbildungsstätte des deutschen Episkopats mit einer für die nächsten Jahrzehnte einzigartigen Ausstrahlung: zeitweise entstammte jeder dritte investierte (d. h. eingesetzte) Bischof im Reich diesem Pfalzstift.

Es wäre sicher zu kurz gegriffen, wenn man Heinrich III. als Motiv für die Errichtung von Palast und Kirche allein Repräsentationswillen unterstellen wollte. Fast symbolhaft scheint die Gesamtanlage mit ihrem Bauprogramm das Weltbild Heinrichs III. vom sakralen Königtum zu dokumentieren: beide Machtpole der mittelalterlichen Welt - geistliches und weltliches Zentrum - stehen sich unter kaiserlicher Herrschaft gegenüber.

St. Simon und Judas war zunächst als dreischiffige flachgedeckte Basilika angelegt. Die Wände waren in Kalkbruchstein ausgeführt, wichtige Elemente durch bearbeiteten Sandstein hervorgehoben. Chor- und Querhausarme waren annähernd quadratisch, die Hauptapsis war begleitet von zwei Nebenapsiden. Unter dem Hochchor befand sich die Hallenkrypta. Im breiten Westbau mit einer Glockenstube und kurzen achtseitigen Türmen mit niedrigen Helmen lag auch der Haupteingang mit vorgelegtem Paradies. Ursprünglich waren die Langhauswände im niedersächsischen Stützenwechsel (d. h. Aufeinanderfolge von je einem Pfeiler und zwei Säulen) gegliedert; erst als im 12. Jahrhundert die Flachdeckung durch eine Einwölbung ersetzt wur-

„Hartmannus“-Säule der Domvorhalle

de, erfolgte eine Überbauung im Sinne des „gebundenen“ Systems (abwechselnd je eine Säule und ein Pfeiler).

Im Laufe dieses Umbaus oder kurz danach wurde auch die nördliche Eingangshalle errichtet, heute allgemein „Domvorhalle“ genannt. Die Bezeichnung „Dom“ oder „Domkirche“ für die Stiftskirche St. Simon und Judas bürgerte sich in Goslar ungefähr mit Beginn der Neuzeit ein. In strenger Auslegung ist ein Dom die Amtskirche eines Bischofs; ein solcher hat in Goslar jedoch nie residiert.

Nach Erbauung der Vorhalle wurde der Haupteingang in diesen nördlichen Vorbau verlegt; damit war auch die ursprüngliche Symmetrie und

die Betonung der Längsachse des Bauwerks aufgehoben. Auch die Krypta muss schon im 12. Jahrhundert ein erstes Mal umgebaut worden sein; diesen Schluss lassen die erhaltenen Säulen zu, die heute in der Domvorhalle präsentiert werden und entsprechend zu datieren sind.

Die besondere Bedeutung, die Heinrich III. der Pfalz und der Stiftskirche zumaß, wird auch in einer letztwilligen Verfügung des Kaisers deutlich: als er am 5. Oktober 1056 - nur einen Monat nach der Begegnung mit Papst Viktor II., bei der dieser die Stiftskirche erneut weihte - in Bodfeld am Harz stirbt, wird sein Körper in der Familiengrablege in Speyer bestattet, das Herz jedoch bleibt in der Pfalzstiftskirche. Heute ruht es unter einer Grabplatte mit dem Bildnis des Herrschers in der Ulrichskapelle.

Die Pfalzkapelle St. Ulrich

Mit der Ulrichskapelle ist die Geschichte gnädiger umgegangen als mit dem „Dom" oder der Liebfrauenkapelle: sie hat die Jahrhunderte überdauert. Auf ein bewegtes Schicksal blickt aber auch sie zurück. Es soll noch einmal daran erinnert werden: Archäologen haben in den Fundamenten sichere Spuren zumindest des frühen 11. Jahrhunderts gefunden, Bau- und Kunsthistoriker sind hingegen sicher, dass Gesamtanlage und Einzelformen mindestens 100 Jahre später entstanden sind. Nimmt man diese unvereinbar erscheinenden Aussagen als gegeben hin, so muss die Ulrichskapelle schon wenige Jahrzehnte nach ihrer Entstehung komplett umgestaltet worden sein.

Pfalzkapelle St. Ulrich, Grabplatte Heinrichs III.

Details der Grabplatte Hund und Seitenansicht

Mit den zwei Geschossen, die durch eine Öffnung in der Raummitte verbunden sind, entspricht sie dem Typus der „romanischen Doppelkapelle", der auch bei anderen Pfalzen anzutreffen ist. Ihre Besonderheit wird deutlich, wenn man Grundrisszeichnungen von unterem und oberen Stockwerk nebeneinander legt: sie scheinen von unterschiedlichen Gebäuden zu stammen. Das tonnengewölbte Erdgeschoss bildet ein griechisches Kreuz, in Ost- und Seitenflügeln zu halbrunden

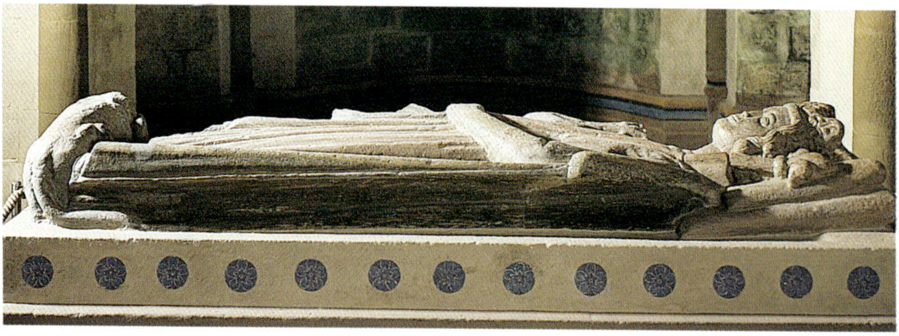

Pfalzkapelle St. Ulrich, Ostfassade

A Ω

Apsiden erweitert, das Obergeschoss hingegen ein Achteck. Die Vermittlung zwischen diesen beiden Grundrissformen wird durch sogenannte Außentrompen geleistet, die dem Betrachter wie überwölbte Nischen in der Fassade erscheinen.

Das ganze untere Stockwerk ist aus sorgfältig bearbeitetem Quadermauerwerk errichtet. Dies ist insofern eine Besonderheit, als dass nicht nur die anderen Gebäude des Pfalzbezirks, sondern überhaupt alle romanischen Bauwerke Goslars aus Bruchsteinen bestehen, die Verwendung von Quadermauerwerk der Betonung besonders herausgehobener Elemente vorbehalten geblieben ist.

Die schon angesprochene Grabplatte mit der Figur Heinrichs III. entstammt dem 13. Jahrhundert und ist damit - nach dem Grabmal Rudolfs von Schwaben in Merseburg (um 1080) - das zweite figürliche Grabmal für einen deutschen König überhaupt. Heinrich III. ist - trotz der liegenden Position der Grabplatte und dem auf Kissen gebetteten Kopf - als Standfigur aufgefasst. Deutlich wird dies z. B. an den Falten seines Gewandes oder seiner Haartracht, deren Fall so nur bei einer stehenden Figur vorstellbar ist. Der Hund zu seinen Füßen ist dagegen senkrecht auf die Platte gesetzt. Diese Durchdringung unterschiedlicher Realitätsebenen, die dem heutigen Betrachter paradox erscheint, ist in der mittelalterlichen Kunst nicht ungewöhnlich.

Dass die Grabplatte heute wieder das Herz Heinrichs III. bedeckt, verdanken wir der Aufmerksamkeit des königlichen Forstmeisters Carl von Hammerstein-Equord. Als 1820, während der Abbrucharbeiten am Goslarer „Dom“, die damals im Chor befindliche Platte angehoben wurde, fand sich darunter eine fast vermoderte Schatulle, die die Arbeiter schon in den Bauschutt geben wollten. Hammerstein-Equord nahm sie in Verwahrung und übergab sie zwanzig Jahre später dem Kronprinzen Georg von Hannover, der sie seinerseits 1861 in das gerade gegründete Welfenmuseum überführen ließ. Erst 1884 endete die Odyssee der kaiserlichen Überreste mit der Neuaufstellung des Grabmals in der restaurierten Ulrichskapelle.

Doch wir haben vorgegriffen. Kehren wir zurück in das Jahr 1056, das Todesjahr Heinrichs III.

1000 Jahre bewegter Geschichte

Die Vormundschaftsregierung für den zu diesem Zeitpunkt schon zum König gewählten erst sechsjährigen Sohn Heinrich IV. übte zunächst seine Mutter Agnes von Poitou aus, es folgten die Erzbischöfe von Köln und von Bremen. 1065, Heinrich war noch nicht einmal 15 Jahre alt, begann seine selbstständige Regierungsführung. Bis 1076 besuchte er mehr als dreißig Mal die Kaiserpfalz in Goslar.

Ob der Neubau der Goslarer Kaiserpfalz bereits unter Heinrich III. abgeschlossen war oder ob und in welchem Umfang auch Heinrich IV. als ihr Bauherr zu bezeichnen ist, kann nicht sicher bestimmt werden. Deutlich ist aber sein Bestreben, das Königsgut am Harz zu schützen und zu arrondieren: er ließ die Harzburg errichten, zu deren Sicherungsbereich die Goslarer Kaiserpfalz gehörte.

Eine ähnlich gefestigte Machtstellung und dominierende politische Position, wie sie sein Vater innehatte, blieb Heinrich IV. versagt. Zu der lebenslangen Auseinandersetzung mit den Fürsten kam der Streit mit dem Papsttum um die Besetzung der Bistümer (der sog. Investiturstreit), der mit Heinrichs Bußgang nach Canossa ein nur vorläufiges Ende fand und die Stellung des Königtums schwer erschütterte.

Ein Ereignis, das in zeitgenössischen Chroniken überliefert ist, charakterisiert die glücklose und schwache Position, die seine Regentschaft überschattete. Bei einem Fürstentag, der am Pfingstfest des Jahres 1063 in der Kaiserpfalz stattfand, kam es in der Stiftskirche St. Simon und Judas zwischen den Gefolgsleuten des Bischofs von Hildesheim und des Abtes von Fulda zu einem Streit, der sich an der Sitzordnung und der dadurch demonstrierten Rangfolge entzündete. Die Befehle des jungen Königs, Frieden zu halten, blieben unbeachtet, es kam zu einer bewaffneten Auseinandersetzung mit zahlreichen Todesopfern. Heinrich selbst konnte sich nur mit Mühe und Not in seine Wohngemächer retten.

Goslarer Kaiserstuhl: Details und Blick in das Ausstellungsgewölbe

Ein weiteres Mal steht die Kaiserpfalz im Mittelpunkt der Katastrophenmeldung einer Chronik: am 27. März 1065 soll sie durch einen Brand vernichtet worden sein. Gegenüber dieser Nachricht ist allerdings Skepsis angebracht: Zum einen vergehen bis zum nächsten Besuch des Königs mit großem Gefolge nicht einmal fünf Monate - zu wenig für die Sanierung einer Brandruine -, zum anderen finden sich weder am Gebäude noch im Fundmaterial der Archäologen Spuren. Das Datum des angeblichen Brandes gibt uns aber einen Hinweis, wie wir die Nachricht zu interpretieren haben: Nur zwei Tage später begann die selbstständige Regierungsführung Heinrichs. Diese unmittelbare zeitliche Nähe spricht dafür - und dies ist nicht selten in mittelalterlichen Chroniken -, dass uns der Autor eine Art Gottesurteil mitteilen wollte, ein Menetekel für eine beginnende Periode des Unheils. Denn als solche wurde die Regentschaft Heinrichs IV. von vielen Zeitgenossen geschildert.

In den letzten drei Jahrzehnten seiner Regentschaft besuchte Heinrich seine einstige Lieblingspfalz nicht mehr. Sie wurde zum Hauptstütz-

punkt der Fürstenopposition und zum Herrschaftsort der Gegenkönige Rudolf von Schwaben und Hermann von Salm.
Die Krönung Hermanns nahm der Mainzer Erzbischof zum Weihnachtsfest 1081 in der Kaiserpfalz Goslar vor. Sicher war diese Ortswahl kein Zufall. Eigentlich war Aachen mit seinem Karlsthron der „rechte Ort" für die Königskrönung, aber dort wurde Hermann nicht anerkannt. Mit Goslar hatte er eine Alternative gewählt, die für ihn und seine Zeitgenossen ein Ort legitimer Königsherrschaft war, quasi Symbolcharakter hatte.
Vielleicht verdankt Goslar auch eines seiner herausragendsten Kunstwerke dieser Krönungszeremonie. Die Thronlehnen des Goslarer Kaiserstuhls, auf Grund stilistischer und formaler Kriterien von Kunsthistorikern in die Jahrzehnte zwischen 1065 und 1085 datiert, sind zweifellos das Glanzstück der Ausstellung in der Kaiserpfalz. Sind sie von Hermann von Salm in Auftrag gegeben worden, um dem Krönungsakt in Goslar die rechte Würde zu verleihen? Gut vorstellbar, denn Hermann musste für die Zeremonie nicht nur auf den Aachener Karlsthron, sondern auch auf die Reichsinsignien verzichten, die sich in der Hand Heinrichs IV. befanden. Die Bronzelehnen sind heute im dritten Ausstellungsgewölbe der Kaiserpfalz ausgestellt, Kopien befinden sich - als Ensemble mit den Sandsteinschranken aus dem 13. Jahrhundert - in der Domvorhalle.
Im Jahr 1106 tritt mit Heinrich V. der letzte Salier die Regentschaft an. Auch ihm schreiben zeitgenössische Chroniken ein schicksalhaftes Erlebnis in der Goslarer Kaiserpfalz zu. Während eines schweren Gewitters habe ein Blitz das Dach des Palastes durchschlagen und Schwert und Schild des Königs getroffen, ja der König selbst - so eine andere Überlieferung - sei an der Ferse verletzt worden. Auch bei diesen Berichten klingt wieder das Motiv des Gottesurteils an, des schlimmen Vorzeichens oder der Strafe für begangenes Unrecht. Und dieses hatte der junge König im Urteil der Zeitgenossen auf sich geladen, hatte er doch seinen Vater, Heinrich IV., gefangen gehalten und schließlich zur Abdankung gezwungen. Auch Heinrich V. residierte während seiner 19-jährigen Regentschaft regelmäßig in Goslar. Allerdings waren es eher Reiseaufenthalte, nicht mehr Reichs- oder Hoftage und Synoden, die die Kaiserpfalz zum herausragenden Herrschaftsort gemacht hatten.
Mit dem Tod Heinrichs, der am 23. Mai 1125 einem Krebsleiden erlag, erlosch nach hundertjähriger Herrschaft über das Reich die salische Dynastie. In eben diesem Zeitraum war Goslar zu einer mittelalterlichen Großstadt herangewachsen, hatte wohl an die vier- bis fünftausend Einwohner und spielte die Rolle eines Zentrums für die Harzer Bergbauregion. Kupfer aus dem Rammelsberg und Silber aus dem Ober-

Bodenfund vom Pfalzgelände: Schwert, 13. Jahrhundert

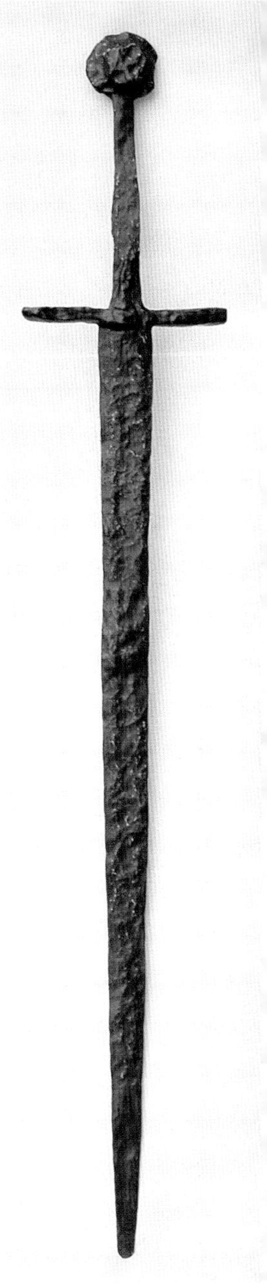

harz wurden in den Handel gebracht bzw. in der Goslarer Münzstätte verarbeitet, der Markt versorgte die Bürger und die Berg- und Hüttenarbeiter im Umfeld, einheimische und auswärtige Kaufleute schufen Handelskontakte in den rheinischen Raum und bis nach Flandern.

Der Nachfolger Heinrichs V., Lothar III. von Supplinburg, war Sachsenherzog, und es kann nicht verwundern, dass er in seinen „Stammlanden" kaum mit oppositionellen Anfechtungen wie seine Vorgänger zu kämpfen hatte. Die Kaiserpfalz wurde wieder zum Schauplatz von Fürstenversammlungen mit großer politischer Ausstrahlung - allein vier dieser „Gipfeltreffen" sind für die Jahre zwischen 1129 und 1136 überliefert.

Nach der Regentschaft Konrads III., des ersten Herrschers aus dem Geschlecht der Staufer, der sich in Goslar innerhalb von 14 Jahren nur drei Mal nachweisen lässt, bestieg am 4. März 1152 Friedrich I. Barbarossa den Thron. Er besuchte Goslar zum ersten Mal schon wenige Wochen nach seiner Wahl im Rahmen des Reichsumrittes. In den ersten Jahren seiner Regierung scheint Barbarossa sehr daran gelegen gewesen zu sein, den langen Konflikt zwischen den Staufern und den Welfen unter Heinrich dem Löwen zu beenden. Er zeigte nur wenig Präsenz in Sachsen, verfolgte offenbar eine Art Beschwichtigungspolitik und verlieh Heinrich wohl sogar für kurze Zeit die Reichsvogtei Goslar. Dies wäre eine Erklärung dafür, dass der Welfe 1152 einen Hoftag in der Stadt abhalten konnte, bei dem er herrschergleich in der Kaiserpfalz residierte. Für fast zwei Jahrzehnte scheint Goslar eher zum Machtbereich Heinrichs des Löwen gehört zu haben, bis die Reichsvogtei um 1170 wieder in den Besitz der Krone kam.

War Goslar zunächst offenbar Mittel zum Zweck, den staufisch-welfischen Konflikt zu entschärfen, so war es 1177 der Anlass, dass der Streit mit neuer Macht losbrach: Bei einem Treffen im norditalienischen Chiavenna forderte Barbarossa Heinrich auf, ihn bei einer militärischen Aktion zu unterstützen. Als Gegenleistung verlangte dieser die Stadt Goslar mit dem Rammelsberg. Friedrich lehnte ab, und nicht einmal sein Kniefall konnte den Welfenherzog zur Annahme des Bittgesuchs bewegen. Dieser ungeheuerliche Vorgang - dass die Demutsgeste eines Kaisers von einem Regionalfürsten schnöde zurückgewiesen wurde - hat noch Jahrhunderte später die Gemüter bewegt. Wir werden im Zusammenhang mit den Malereien im Saal der Kaiserpfalz darauf zurückkommen.

Mit der Zurückhaltung Barbarossas in Sachsen war es nun - zumal Heinrich 1180 noch den erfolglosen Versuch unternommen hatte, Goslar zu erobern - vorbei. In unmittelbarer Nachbarschaft zur Welfenburg Dankwarderode in Braunschweig ließ Barbarossa jetzt die Kaiserpfalz in Goslar besonders imposant ausbauen und umgestalten. Wollte er seinen Widersacher mit einem „Konkurrenzbau“ in die Schranken weisen?

Um 1182 wurde der Saalbau nach Süden hin durch ein repräsentatives Torhaus erweitert, die Fensterarkaden erhielten ihre heutige Gliederung durch Zwischenpfeiler und Blendbögen, und vielleicht bekam auch die Ulrichskapelle bei dieser Maßnahme ihre heutige Gestalt.

Ein letztes Mal hielt sich Friedrich Barbarossa im Juli/August 1188 in seiner Goslarer Kaiserpfalz zu einem prächtigen Reichstag auf. Ein Jahr später brach er als Führer des dritten Kreuzzuges zur Befreiung Jerusalems auf. Noch bevor er sein Ziel erreicht hatte, ertrank er am 10. Juni 1190 im kleinasiatischen Fluss Saleph.

Sein Sohn und Nachfolger Heinrich VI. gehört zu den wenigen Herrschern des 11. und 12. Jahrhunderts, die Goslar nicht besucht haben. Ihm folgten Philipp von Schwaben und Otto von Braunschweig, mit denen sich der welfisch-staufische Gegensatz noch einmal fast grotesk manifestierte: Philipp war der jüngste Sohn Barbarossas, Otto der zweite Sohn Heinrichs des Löwen, sie waren im gleichen Jahr zum König gewählt worden und übten das Amt zehn Jahre in Konkurrenz zueinander aus. Beide besuchten die Goslarer Kaiserpfalz drei Mal, wobei der erste Aufenthalt Ottos streng genommen weder als Aufenthalt noch als Besuch bezeichnet werden sollte: im Jahr 1206 ließ er die Stadt, die bisher zum staufischen Gegenspieler gehalten hatte, besetzen und plündern.

Ein letztes Mal fand im Jahr 1219 ein Reichstag in der Kaiserpfalz Goslar statt. Gastgeber war Friedrich II., sicherlich eine der charismatischsten Herrscherfiguren des Mittelalters. Kaum ein anderer König oder Kaiser hat Zeitgenossen und Nachwelt zu so gegensätzlichen Einschätzungen provoziert wie das „Kind von Apulien“. Sein Königreich Sizilien - Deutschland scheint für ihn immer ein Nebenschauplatz gewesen zu sein - faszinierte die einen durch die straffe Modernität seiner Beamtenorganisation, den anderen war er Urbild des totalitären Despotenstaates.

Für die Stadt Goslar hatte dieser letzte Reichstag eine besondere Bedeutung, verlieh ihr doch Friedrich bei dieser Gelegenheit ein großes Stadtrechtsprivileg, das über hundert Jahre später zum Goslarer Stadtrecht ausformuliert wurde. Dieses Stadtrecht von 1330 übte Vorbildcharakter aus, es wurde von zahlreichen Städten bis nach Thüringen hinein ganz oder teilweise übernommen.

1253 besuchte Wilhelm von Holland die Goslarer Kaiserpfalz. Dieser Aufenthalt auf der Durchreise nach Braunschweig verdient nur deshalb

Greifenfigur vom Giebel der Kaiserpfalz, spätes 13. Jahrhundert

Erwähnung, weil er für mehr als 600 Jahre der letzte Besuch eines gekrönten Hauptes bleiben sollte.

Goslar war damit keine Ausnahme, die Zeit des Reisekönigtums ging zu Ende. Nach dem Tod Barbarossas hatte die königliche Gewalt an Durchsetzungskraft verloren, die Territorialfürsten dagegen hatten immer mehr ehemaliges Reichsgut an sich gebracht. Ähnliches war mit den sogenannten Regalien, den nutzbaren Hoheitsrechten des Königs, geschehen. Das Eigentum an Bodenschätzen, das Münzrecht, das Recht, Zölle einzuziehen, gingen in Fürstenhand über. Das Pfalzensystem verlor nach und nach seine wirtschaftliche Grundlage, und die Könige der folgenden Jahrhunderte waren in zunehmendem Maße auf ihren Hausbesitz angewiesen.

Es ist hier nicht der Raum, näher auf die Geschichte der Stadt nach dem Ende der „Goslarer Kaiserzeit“ einzugehen. Aus der Kaiserstadt wurde die Freie Reichsstadt, die Hansestadt, die reiche Bürgerstadt

Goslar, die ihre wirtschaftliche Blütezeit im frühen 16. Jahrhundert erlebte.

Die Kaiserpfalz erlebte freilich nach dem Ausbleiben der Regenten einen kontinuierlichen Bedeutungsverlust. Mit dem Erwerb der Reichsvogtei (1290) ging sie in das Nutzungsrecht der Stadt über. Zu dieser Zeit muss sie schwer beschädigt gewesen sein, denn für 1289 melden die Chroniken erneut eine Brandkatastrophe, dieses Mal nicht nur glaubwürdig überliefert, sondern noch heute am Gebäude abzulesen: das Quadermauerwerk der Arkaden des Wintersaals zeigt deutliche Brandrötungen und Abplatzungen, die Eichenbalken in der Durchfahrt sind stark angekohlt. Bei der Wiederherstellung wurden die Spitztonnengewölbe im Erdgeschoss eingebaut, aus dem ungeteilten großen Saal wurden sieben kleine Räume quer zur Gebäudeachse. Durch die Einwölbung konnte die ehemals flache hölzerne Geschossdecke jetzt in Stein ausgeführt, die Gefahr eines nochmaligen Brandes damit deutlich verringert werden.

Über die Nutzung der Kaiserpfalz im ausgehenden Mittelalter und in der frühen Neuzeit wissen wir wenig. In den Quellen taucht sie als Sitz der Vogtei- und Landgerichtsbarkeit auf, der Saal, in dem früher Kaiser, Könige und Fürsten deutsche und europäische Politik gemacht hatten, wurde später zum Veranstaltungsort städtischer Feste, in den Nebengemächern war eine Schule untergebracht.

Unter Umständen war es die unmittelbare Nähe zum Gerichtssitz in der Kaiserpfalz, die auch für die Ulrichskapelle einen fast grotesken Funktionswandel nach sich zog: sie wurde - ebenso wie eins der Erdgeschossgewölbe im Kaiserhaus selbst - seit dem 16. Jahrhundert als Gefängnis genutzt, ihre kirchliche Vergangenheit geriet nach und nach vollständig in Vergessenheit.

Noch einmal richtete im 17. Jahrhundert ein Kaiser sein Augenmerk auf die Pfalz. Im Zusammenhang mit dem Restitutionsedikt Kaiser Ferdinands von 1629 sollte sie ein Jesuitenkollegium beherbergen. Zeitgenössische Grafiken zeigen, dass zu diesem Zweck schon ein Neubau zwischen dem Palas und der Liebfrauenkapelle errichtet worden war. Aber schon drei Jahre später setzten schwedische Truppen den Rekatholisierungsbestrebungen ein Ende und vertrieben die Jesuiten aus Goslar.

Danach ging es immer schneller bergab: Die Gewölbe wurden an Privatpersonen verpachtet und beispielsweise zum Betrieb einer Leimölsiederei oder als Materialspeicher genutzt. Den Saal hatte das Bergamt Clausthal gemietet und hier Getreide gelagert. Um die nutzbare

Kaiserpfalz und Ulrichskapelle vor Beginn der Restaurierung, Fotografie um 1868 und Lithographie nach H. W. H. Mithoff, um 1850

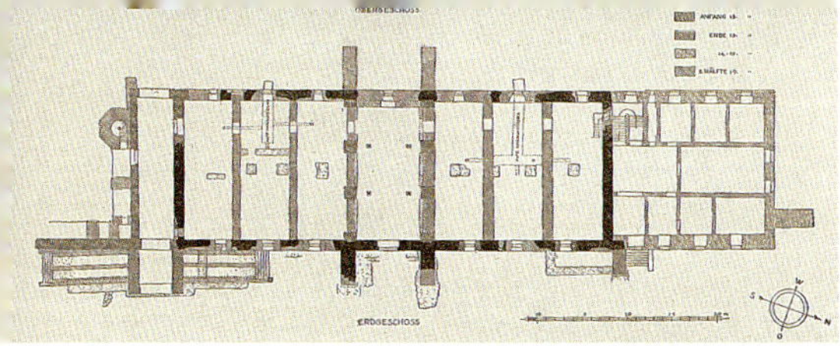

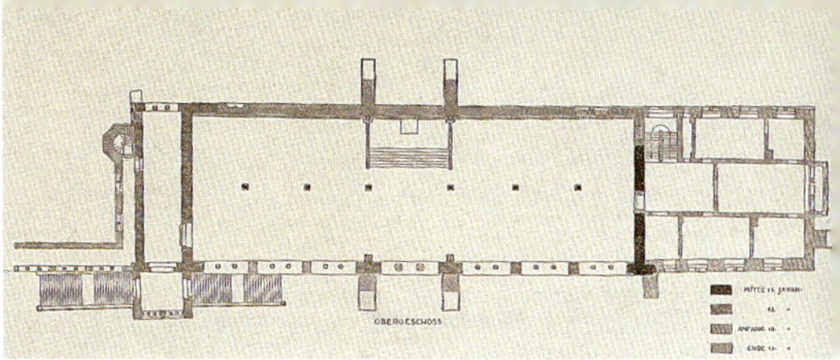

Fläche zu vergrößern, wurden drei Kornböden eingezogen und entsprechende Fensteröffnungen in die Außenmauern gebrochen.

Der Mietzins reichte nicht einmal annähernd zur Unterhaltung des Gebäudes, und im 17. und 18. Jahrhundert häufen sich die Nachrichten über gravierende Schäden: Teile des Daches und der Fassade stürzten ein, die Reparaturen wurden immer oberflächlicher und notdürftiger. Die Liebfrauenkirche brach schließlich zusammen und wurde vollständig abgetragen.

Inzwischen hatte sich auch die Situation Goslars grundlegend geändert. In einer langwierigen und Jahrzehnte andauernden Auseinandersetzung hatte die Stadt ihre Rechte am Bergbau des Rammelsberges und ausgedehnten Forsten 1552 an das Herzogtum Braunschweig-Wolfenbüttel verloren und erlitt nun das gleiche Schicksal wie viele der Freien Reichsstädte. Sie wurde zum Fremdkörper im Flickenteppich weitgehend autonomer Fürstenstaaten, abgekoppelt von den Wirtschaftsräumen, die sich nach der Blütezeit der Hanse ganz neu formiert hatten.

Im Dreißigjährigen Krieg musste die Stadt Einquartierungen und Besetzungen hinnehmen, und es scheint für die Bürgerschaft kaum einen Unterschied gemacht zu haben, ob sie von befreundeter oder feindlicher Soldateska bedrängt wurde. Die Truppen plünderten nicht nur die städtischen Kassen, sondern nahmen bei ihrem Abzug auch zahllose Kunstschätze aus Kirchen und Klöstern mit.

Goslar hatte sich kaum von den Folgen dieser europäischen Katastrophe erholt, als es 1728 von einem verheerenden Stadtbrand betroffen wurde. Ganze Stadtteile - mehr als 200 Wohnhäuser - wurden vernichtet, und noch waren die Baulücken nicht wieder geschlossen, da wütete 1780 ein zweiter Feuersturm in den eng bebauten Gassen.

Zu Beginn des 19. Jahrhunderts war Goslar in einer wirtschaftlichen Situation, die die Pflege der zahlreichen Baudenkmäler nicht zuließ. Abgesehen davon: ein Bewusstsein, dass dies sinnvoll sein könnte, begann sich gerade erst zu entwickeln, es kam zu spät, um z. B. den Abriss des Goslarer „Doms“, der Stiftskirche St. Simon und Judas, zu verhindern.

Was uns wie ein Sakrileg erscheint - die Nutzung eines ehemaligen Reichspalastes als Lagerschuppen - war in Wirklichkeit eine Lebensversicherung, trug doch der Mietzins zumindest zum Erhalt bei. Dennoch - kurz nach der Jahrhundertmitte wurde auch ein Abbruch der Kaiserpfalz diskutiert, als Alternative erwogen, sie zur Fabrikationshalle für die erhoffte Industrieansiedlung umzubauen.

Inzwischen hatte sich allerdings ein Stimmungswandel vollzogen: kaum war der Abriss des Doms ohne nennenswerten Widerstand voll-

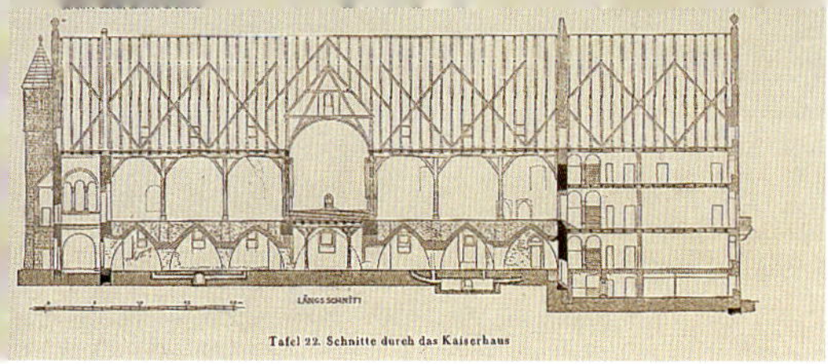

zogen, wurde er plötzlich zum Gegenstand nostalgischer Rückbesinnung. Auf ungezählten Aquarellen wurde die Erinnerung an die verschwundene Kirche wiederbelebt, und Heinrich Heine spiegelte durchaus auch die Stimmung in Goslar wider, als er nach seinem Besuch der Stadt klagte: „Wir leben in einer bedeutungsschweren Zeit: tausendjährige Dome werden abgebrochen und Kaiserstühle in die Rumpelkammer geworfen."
Als im Jahr 1865 ein Teil der rückwärtigen Fassade der Pfalz einstürzte, alarmierte das Goslarsche Wochenblatt seine Leser: „Unser altes ehrwürdiges Kaiserhaus, das Denkmal aus der Glanzperiode unserer Stadt, drohet dem Einsturze... Schleunigste Vorsichtsmaßregeln thun Noth, um diesen Alterthumsschatz vor gänzlichem Untergange zu retten und Unglück zu verhüten."

Die Restaurierung

Nachdem das Königreich Hannover - dem Goslar seit 1816 angehörte - bereits 1860 die Ulrichskapelle angekauft und ihre Restaurierung beschlossen hatte, begannen nun auch Verhandlungen über das weitere Schicksal der Kaiserpfalz. Am 20. April 1866 unterzeichneten Stadt und Regierung einen Vertrag, demzufolge das Kaiserhaus für einen Betrag von 1000 Reichstalern in den Besitz des Königreichs überging und dieses sich verpflichtete, die würdige Wiederherstellung zu leisten. Die Annexion Hannovers durch Preußen nur fünf Monate später änderte nichts an dieser Lösung, da Preußen in die eingegangene Verpflichtung eintrat.

Worauf man sich da eingelassen hatte, ließ sich allerdings zu diesem Zeitpunkt nicht vorausahnen. Über die zunächst veranschlagten 18.000 Reichstaler hinaus musste man 1873 weitere 70.000 Taler bereitstellen, 1879 hatte sich diese Summe wiederum verdreifacht, und als die Gesamtmaßnahme im September 1900 mit der Aufstellung der Reiterstandbilder von Friedrich Barbarossa und Wilhelm I. einen vorläufigen Abschluss fand, hatte man es offenbar aufgegeben, die verausgabten Gelder zusammenzurechnen.

Allerdings muss man zugeben, dass sich die Voraussetzungen in diesem Zeitraum radikal geändert hatten - nicht nur was Umfang und Charakter der Restaurierung angeht, sondern auch im Hinblick auf die politischen „Begleitumstände".

Nach der Gründung des Deutschen Reiches 1871 wurden Forderungen laut, der Kaiserpfalz den Charakter eines Nationaldenkmals zu geben und insbesondere ihren monumentalen Charakter zu betonen, kleinliche Fragen nach ihrem ursprünglichen Erscheinungsbild ganz

Grund- und Aufrisse der Pfalz nach der Restaurierung

zurückzustellen. Tatsächlich finden sich Elemente, bei denen sich diese Position durchgesetzt hat. So gibt es z. B. für die Erbauung des „Dornröschenturms", des Treppenturms am Südgiebel, keinen anderen Grund als die Idee, dass ein deutsches Schloss einen solchen Turm haben sollte, und auch die Aufstellung von Kopien der Burglöwen der Welfen mag sich nicht so recht mit den historischen Hintergründen vertragen.

Dies schmälert weder die Gesamtleistung der Restauratoren des 19. Jahrhunderts, noch ändert es etwas an der Tatsache, dass die Goslarer Kaiserpfalz eines der wichtigsten Denkmäler profaner Baukunst überhaupt ist. Eine im Jahr 2000 in den bis dahin ungenutzten und der Öffentlichkeit nicht zugänglichen Gewölben eingerichtete Ausstellung informiert über die Baugeschichte und historische Hintergründe, zeigt im Lapidarium Beispiele mittelalterlicher Steinmetzkunst und ruft mit einem computeranimierten Rundgang durch den Goslarer „Dom" die verlorene Kirche in Erinnerung.

Die Kaiserpfalz ist nicht allein ein Denkmal ihrer Entstehungszeit, sie ist ein Denkmal ihrer gesamten Geschichte und eröffnet dem Gast die Möglichkeit einer einzigartigen Zeitreise: Ein Modell der salischen Pfalz im zweiten Ausstellungsgewölbe führt ihm den Umfang der prächtigen Erweiterung unter den Staufern vor Augen, er findet Spuren der Brandkatastrophe im 13. Jahrhundert und erkennt an der rückwärtigen Fassade die vermauerten Fensteröffnungen aus der Zeit, in der die Kaiserpfalz Kornschuppen war. Schließlich mag er vielleicht schmunzeln darüber, wie der Zeitgeschmack des 19. Jahrhunderts Eingang in Detaillösungen gefunden hat.

Hier ist allerdings ein wenig Zurückhaltung durchaus angebracht, denn wie der Besucher der Zukunft den Zeitgeschmack des 21. Jahrhunderts und seine „Spuren" in der Kaiserpfalz beurteilen wird, bleibt abzuwarten.

Hervorragende Kunstwerke aus dem „Dom" befinden sich heute im Goslarer Museum. Links: Krodo-Altar, frühes 12. Jahrhundert; rechts: Kreuzigungsgruppe, frühes 16. Jahrhundert

Das Bildprogramm im Kaisersaal

Noch während die baulichen Restaurierungsmaßnahmen an der Kaiserpfalz im vollen Gange waren, begann im Februar 1875 die Diskussion über die Möglichkeiten einer „reicheren Ausschmückung" der riesigen Wandflächen des Reichssaales.

Die Entscheidung, dass die Kaiserpfalz nach ihrer Wiederherstellung gleichzeitig ein Denkmal des mittelalterlichen wie des neuen deutschen Kaisertums sein sollte, war bereits gefallen. Es kann daher nicht verwundern, dass dieser Gedanke auch bei der nun geplanten Ausmalung des Saales im Mittelpunkt stehen sollte.

Als im August 1875 Kaiser Wilhelm I. in Begleitung des Prinzen Karl von Preußen und des Kronprinzen Friedrich Wilhelm die Kaiserpfalz besuchte, wurde letzterer sozusagen zum Schirmherrn der Ausmalungsidee gemacht: förderhin galt er als der Initiator dieses Projekts, dessen Verwirklichung erst 22 Jahre später abgeschlossen sein sollte.

Aus einem vom Preußischen Kultusministerium 1876 ausgeschriebenen Künstlerwettbewerb ging der Düsseldorfer Akademieprofessor Hermann Wislicenus als Sieger hervor. Er hatte nach Überzeugung der Jury die Aufgabenstellung – ein zentrales Bild zur Kaiserproklamation von 1871 mit Szenen aus der mittelalterlichen Kaisergeschichte zu umgeben – am Überzeugendsten gelöst.

Wislicenus, 1825 in Eisenach geboren, war in seinem künstlerischen Schaffen stark von seinen Lehrern Julius Schnorr von Carolsfeld und Peter Cornelius geprägt. Wie diese war er ein Anhänger der nazarenischen Tradition, einer spätromantischen Kunstrichtung idealistisch-patriotischer Prägung. Seine Berufung an die Düsseldorfer Akademie als Professor für weltliche Historienmalerei im Jahr 1868 war durchaus nicht unumstritten, sahen sich doch die meisten Schüler als Anhänger des Realismus.

Reiterstandbild Wilhelms I.: Die Kaiserpfalz ist auch ein Denkmal des 19. Jahrhunderts

Im Schaffen des Malers nehmen die Wandbilder in der Goslarer Kaiserpfalz den Rang seines Lebenswerkes ein. Über zwanzig Jahre lang war er praktisch ausschließlich mit der Anfertigung der Entwürfe, der Kartons und schließlich der Wandgemälde beschäftigt. Unterstützt wurde er von seinen beiden Schülern E. Strecker und Franz Weinack, weiter von seinem Sohn Max, der ebenfalls die Düsseldorfer Akade-

WALTER SCHOTT Berlin

mie besuchte. Die Einbeziehung von Schülern, ohne die Wislicenus die riesigen Wandflächen gar nicht hätte bewältigen können, hatte man zur Bedingung für die Weiterzahlung seines Professorengehaltes gemacht.

Es soll hier nicht der Versuch unternommen werden, das ikonographische Programm, das Wislicenus auf über 600 qm Wandfläche entwickelte, in all seinen Details zu erklären. Dies hat Monika Arndt in ihrer materialreichen Darstellung „Die Goslarer Kaiserpfalz als Nationaldenkmal – eine ikonographische Studie“ in hervorragender Weise geleistet.

Stattdessen möchten wir dem heutigen Besucher die Möglichkeit geben, einen Zugang zu diesem faszinierenden und bedeutenden Werk des 19. Jahrhunderts zu finden, ohne sich vom augenfälligen Pathos davontragen oder irritieren zu lassen, ohne die Bilder womöglich als authentische „Illustrationen“ der Geschichte zu begreifen.

Insgesamt 68 Gemälde finden sich auf sämtlichen Wandflächen des Raumes; sogar die kleinen Felder über den Fenstern der Ostwand hat Wislicenus einbezogen.

Die Westwand und die angrenzenden Hälften der Schmalseiten nimmt der historische Zyklus in Anspruch. Die großen Hauptbilder zeigen Szenen der deutschen „Kaisergeschichte“ des Mittelalters. Auf halber Raumhöhe sind ihnen Zwischenbilder zugeordnet, die Ereignisse aus der Geschichte der Goslarer Kaiserpfalz illustrieren. Die in Grisaille-Manier ausgeführten Felder darüber und darunter zeigen Szenen aus der Biografie der auf den entsprechenden Hauptbildern dargestellten Kaiser. Zwei in zurückhaltenden Brauntönen gehaltene Sockelbilder pro Hauptbild vervollständigen das Programm mit weiteren Ereignissen aus der Regentschaft der Herrscher.

Zentrum des Malprogramms, das Wislicenus entwarf, ist – nicht nur in optischer und räumlicher Hinsicht – das Mittelbild, das entsprechend der vom preußischen Kultusministerium aufgestellten Forderung die Kaiserproklamation Wilhelms I. darstellt. In diesem Bild finden sich die Elemente, aus denen Wislicenus seinen genial vielschichtigen Zyklus formuliert hat, dramatisch vereinigt: Märchen und Sage, Historie und Gegenwart des späten 19. Jahrhunderts.

Im Mittelpunkt der 1882 vollendeten Allegorie sind Wilhelm I. und Kronprinz Friedrich Wilhelm – der spätere „99-Tage-Kaiser“ Friedrich III. –

Die Wiedererstehung des Deutschen Reiches 1871 *(1)*.

Die kursiven Nummern in den Bildbeschriftungen beziehen sich auf das Verzeichnis auf den Seiten 74/75

Barbarossas Erwachen im Kyffhäuser ***(66)***

hoch zu Pferd abgebildet. Links unterhalb der Reitergruppe festigt Bismarck – ihm zur Seite Moltke und Roon als Repräsentanten des preußischen Generalstabs – mit einem symbolischen Hammerschlag den Grundstein des neuen deutschen Kaiserreichs. Unter den Seitenbögen der Scheinarchitektur haben sich Fürsten und Mitglieder des Hauses Hohenzollern versammelt, so die Kaiserin Augusta, ihre Schwiegertochter Viktoria und der Enkel Wilhelm, der als Wilhelm II. 1888 die Regentschaft übernehmen sollte. Angeblich war er mit der Darstellung, die ihn in knabenhafter Pose neben Mutter und Großmutter zeigt, durchaus nicht einverstanden. Immerhin war er, den die Vorliebe für das Schneidig-Militärische prägte, bei der Fertigstellung des Bildes bereits 23 Jahre alt und als Hauptmann Kompaniechef des 1. Garderegiments.

Auf der linken Seite bietet König Ludwig II. von Bayern Kaiser Wilhelm die Krone dar – eine Krone, die das Zweite Reich nie besessen hat. Eine weitere Krone – die mittelalterliche Reichskrone – wird Wilhelm von oben gereicht. In den Händen hält sie Königin Luise von Preußen, die Mutter Wilhelms, der nach ihrem frühen Tod im Jahr 1810 der Rang einer Nationalheiligen zugewachsen war. Umgeben ist sie von den Königen und Kaisern des Mittelalters. Barbarossa macht mit unmissverständlich weisendem Gestus deutlich, wem die Krone gebührt.

Friedrich I. Barbarossa ist zweifellos die Schlüsselfigur zum Verständnis der Geschichtsauffassung, die in dem Gemäldezyklus ihren Ausdruck findet. Nach der Sage schläft der Kaiser in einer Berghöhle des

Kyffhäusers, bis das Reich in alter Herrlichkeit wieder erstanden ist. An der nördlichen Schmalwand, rechts über der Eingangstür, hat Wislicenus diese Sage zu Ende geschrieben: Barbarossa *ist* erwacht, gemeinsam mit dem Reichsadler über ihm verscheucht er die Raben, die seinen Zauberschlaf bewacht haben. Wislicenus lässt Barbarossa und Wilhelm I. gleichsam zu einer Person verschmelzen: der neue Kaiser ist „Barbablanca", der „Weißbart auf des Rotbarts Thron", der die Verheißung der Sage erfüllt hat.

In Barbarossa sah Wislicenus – und dies gilt ebenso für die Träger des neuen Reiches – die Verkörperung der „alten Kaiserherrlichkeit" und gleichzeitig einer Reichsidee, an die man auch aus preußisch-protestantischer Sicht vorbehaltlos anknüpfen konnte. Hatte nicht er dem Universalanspruch des römischen Papstes Widerstand entgegengesetzt, hatte nicht er die Partikularinteressen der Fürsten erfolgreich gezügelt? An der „Tragödie", dem Untergang der alten Kaisermacht, traf ihn keine Schuld.

Doch zurück zum Mittelbild: Die preußischen Fürsten im Bildfeld über den Bögen vervollständigen den „Legitimationsreigen": nicht Personen oder Epochen fordern Wilhelm zur Wahrnehmung der Kaiserwürde auf, sondern die gesamte deutsche Geschichte.

Im unteren Bildbereich – links und rechts von einem ornamentierten Feld, das den Standort des hier im 19. und 20. Jahrhundert zeitweise ausgestellten Kaiserstuhls markiert -- vervollständigen „Vater Rhein" und die als junge Frau in wallendem Gewand personifizierte Sage die Darstellung. Die Annexion von Elsass und Lothringen – rechts von der Reitergruppe als allegorische Frauengestalten mit dem Straßburger Münster und dem Dom von Metz – hatte den Rhein wieder zum „deutschesten aller Ströme" gemacht. Auf der aufgeschlagenen Seite des Buches, das die „Sage" im Arm hält, erkennt man die Schriftzeile: „Und tritt der alte Kaiser aus seinem Schloss hervor, dann blüht die Dornenrose, das deutsche Reich empor".

Mit dem Begriff „Dornenrose" spielt Wislicenus auf das Märchen vom Dornröschen an, das er auf der Fensterseite als politisches Gleichnis ausdeutet. Wir werden darauf zurückkommen.

Der Zyklus zur Geschichte des deutschen Kaisertums beginnt mit dem Bild „Karl der Große zerstört die Irminsäule" auf der rechten Hälfte der südlichen Schmalwand (Abb. S. 48/49). Mit diesem Bild, das ein Ereignis aus dem Jahr 772 darstellt, sprengte Wislicenus den zeitlichen Rah-

men, den das Bildprogramm eigentlich abdecken sollte – nämlich die Epoche von 1050 bis 1253, dem Jahr, in dem letztmalig ein König – Wilhelm von Holland – in der Goslarer Kaiserpfalz weilte. Es zeigt Karl den Großen hoch zu Ross neben dem zerstörten Heiligtum der besiegten Sachsen, die vor ihm die Waffen senken. Zwischen Karl und seinen Getreuen auf der einen und den Sachsen auf der anderen Seite steht ein Mönch mit erhobenem Kreuz.

Wie im Prolog eines Bühnenstückes führt Wislicenus mit dieser Szene die handelnden Mächte seines Dramas – Kaisertum, Regionalge-

Karl der **Große zerstört die Irminsäule** *(2)*

walten und Kirche – ein, die uns im nun folgenden Zyklus immer wieder begegnen. Das erste Hauptbild zeigt Heinrich II. bei seiner Krönung zum Kaiser durch Papst Benedikt VIII. im Jahr 1014 (Abb. S. 53). Von der zeitgenössischen Kritik wurde es Wislicenus übel genommen, dass er den „deutschen" Kaiser in demütig-knieender Haltung vor dem römischen Papst zeigte. Umso mehr war man mit dem zweiten Hauptbild einverstanden.

Im Herbst 1046 war Heinrich III. nach Rom gezogen, hatte drei gleichzeitig herrschende Päpste abgesetzt, seinen Vertrauensmann Suitger

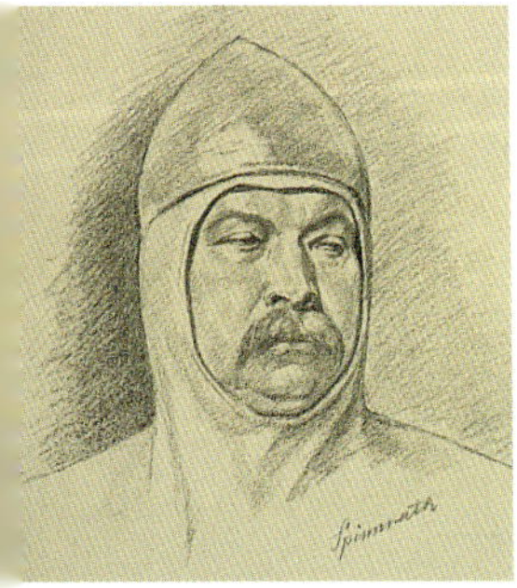

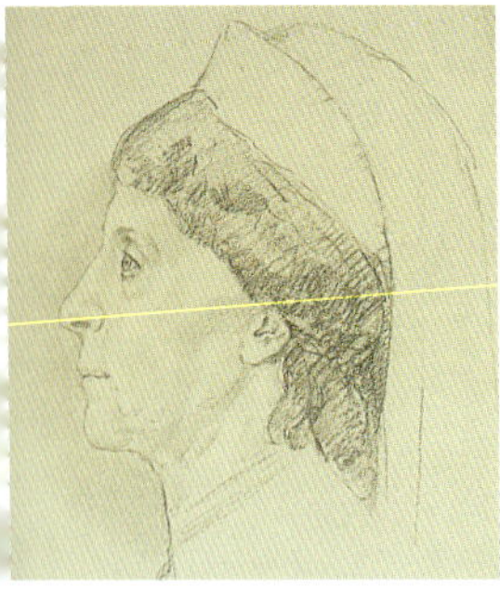

als Clemens II. zum Papst ernannt und sich von diesem zum Kaiser krönen lassen. Gezeigt wird der triumphierende Heinrich bei seiner Rückkehr über die Alpen, den von ihm abgesetzten Gregor VI. als Gefangenen mit sich führend (Abb. S. 54/55).

Das dritte Hauptbild fällt auf merkwürdige Art aus der von Wislicenus entwickelten Dramaturgie heraus. Es zeigt Heinrich IV. in einem Moment tiefer persönlicher Kränkung: verlassen von seinen Gefolgsleuten und auf der Flucht vor seinem Sohn, der ihm wenig später die Herrschaft entreißen sollte, in der ihm noch treu ergebenen Stadt Mainz (Abb. S. 57). Statt dieser historisch wenig bedeutsamen Szene hatte Wislicenus ein Schlüsselereignis im Konflikt zwischen weltlicher und kirchlicher Herrschaft vorgesehen: den Bußgang Heinrichs IV. nach Canossa. Dagegen hatte das Preußische Kultusministerium energischen Einspruch erhoben. Die Demütigung eines Kaisers durch den Papst wollte man an so prominenter Stelle nicht illustriert sehen. Nur in einem kleinen Sockelbild akzeptierte man den „Canossagang“, der im preußischen Geschichtsverständnis geradezu als Symbol der Unterwerfung des Staates unter die Kirche galt.

Mit dem folgenden Hauptbild dagegen konnte sich Wislicenus gegen die ähnlich motivierte Kritik durchsetzen. Gezeigt wird der Kniefall des Kaisers Friedrich Barbarossa vor dem Welfen Heinrich dem Löwen (Abb. S. 58). Dieser hatte, als Barbarossa ihn um militärische Unterstützung für seinen Italienzug bat, die Bedingung gestellt, der Kaiser möge ihm Goslar mit dem Rammelsberg übereignen. Als dieser ablehnt, verweigert ihm Heinrich die Heerfolge. Bedrohte in der Canossa-Szene die römische Kirche die kaiserliche Macht, so war es hier das aufstrebende Fürstentum.

Das nächste Bild dagegen inszeniert Barbarossa als Triumphator: die „Schlacht bei Ikonium“ zeigt ihn als siegreichen Führer der Christenheit, die den Mohammedanern das Morgenland mit Jerusalem und dem Heiligen Grab wieder entreißt (Abb. S. 60/61). Auch in dieser Darstellung ist Barbarossa die Lichtgestalt, die uns im Kyffhäuser-Bild als Personifizierung der neu erstandenen Kaisermacht begegnet ist.

Auch das letzte Hauptbild erscheint bei oberflächlicher Betrachtung eine Verherrlichung des mittelalterlichen Kaisertums zu sein. Friedrich II., das „Kind von Apulien“, empfängt in der Pracht seines Hofes von Palermo eine morgenländische Gesandtschaft (Abb. S. 62). Den Zeitgenossen aber war ohne weiteres klar, dass Wislicenus diese Sze-

ne als „Abgesang“ verstanden wissen wollte: Die Vorliebe für Italien hatte den Kaiser die Sorge um Vaterland, Nation und „wahrhaft deutsche Interessen“ vergessen lassen. Er war nicht konsequent gegen den Universalanspruch der römischen Kirche angetreten, sondern hatte sich stattdessen der christlichen Kirche entfremdet, sich sogar mit islamischen Beratern umgeben. (weiter Seite 59)

Zahlreiche gezeichnete oder in Öl ausgeführte Skizzen befinden sich im Goslarer Museum

Gründung der villa regalis zu Goslar *(6)*

Erbauung der Pfalz zu Goslar 1050 *(12)*

**Kaiser-
krönung
Heinrichs II.
durch
Benedikt
VIII.** ***(8)***

Heinrichs III. Rück-
kehr aus Italien *(14)*

Die Fürsten huldigen dem am 11. November 1050 in der Kaiserpfalz Goslar geborenen Heinrich IV. ***(18)***

Heinrich V. wird im Kaiserhaus zu Goslar vom Blitz getroffen ***(24)***

Kaiser Heinrich IV. in Mainz, einer der letzten ihm treuen Städte *(20)*

Heinrich der Löwe bittet Barbarossa auf dem Reichstag in Erfurt um Verzeihung *(31)*

So, wie Wislicenus dem historischen Zyklus zum mittelalterlichen Kaisertum einen Prolog vorangestellt hat, so beendet er ihn mit einem Epilog. Das Bild auf der linken Seite der nördlichen Schmalwand zeigt Martin Luther vor dem Reichstag in Worms (Abb. S. 64/65). Die Forderung Karls V., seine Schriften zu widerrufen, beantwortet Luther mit dem berühmten „Hier stehe ich, ich kann nicht anders!“ Luther ist nicht allein der Reformator, er ist gleichermaßen der Ahnherr des preußischen Protestantismus und des „evangelischen Kaisertums“ Wilhelms I.

Obwohl wir uns auf die Hauptbilder beschränkt haben, so wird doch deutlich, in welchem Maße Wislicenus mit seinem Programm über die ganz allgemein formulierte Forderung, „Gegenstände aus der Epoche der deutschen Geschichte von 1050 bis 1253“ zu illustrieren, hinausgegangen ist.

Für den „Märchenzyklus“ auf der Fensterseite des Saales hatte das Preußische Kultusministerium überhaupt keine Vorgabe formuliert. Offenbar war es allein Wislicenus' Idee, hier das Dornröschen-Märchen als politisches Gleichnis aufzufassen und zur Geschichte des Kaisertums in Parallele zu setzen.

Seite 58: Barbarossas Fußfall vor Heinrich dem Löwen *(29)*

Er beginnt damit auf der südlichen Schmalwand links. Schon in der „Geburt Dornröschens" sind sowohl die dramatische Zuspitzung wie das glückliche Ende der Geschichte angelegt (Abb. S. 66/67). Das in den Armen der Mutter schlummernde Mädchen wird von der bösen Fee mit ihrem Fluch belegt. Drohend hebt sie die Spindel, deren Stich Dornröschen in einen hundertjährigen Zauberschlaf versetzt. Gleichzeitig schwebt die gute Fee, deren Gegenzauber die Prinzessin retten wird,

Barbarossa in der Schlacht bei Ikonium *(35)*

auf das Fenster zu. Ein alter Sänger lässt seine Hand auf einer Tafel mit folgender Inschrift ruhen:

> *„Die alten Zeiten sanken, ein neues Reich erstand:*
> *ich höre Frühlingswehen im deutschen Vaterland."*

Die Bilderfolge auf der rechten Seite der Fensterwand zeigt nun Szenen aus der Jugend- und Erziehungszeit Dornröschens, unterbrochen

Hofhaltung Friedrichs II. in Palermo *(41)*

Heinrich der Lange übergibt Friedrich II. die Reichsinsignien *(39)*

Ein Greis erzählt der Jugend von der großen Zeit der inzwischen verfallenen Kaiserpfalz *(45)*

von Darstellungen der Jahreszeiten „Frühling“, „Sommer“ und „Herbst“, die gleichzeitig symbolisch für die Entwicklung der Kaisermacht auf der Gegenseite zu sehen sind (Abb. S. 68).

Nach der „Verzauberung Dornröschens“ folgt links vom Mittelbild der „Winter“, dargestellt in drei Landschaftsbildern und im Schlaf des Hofstaates: der Kunst, der Politik, des Heeres und der Macht (S. 70/71).

Das Motiv des Erwachens illustriert das schon angesprochene Kyffhäuser-Bild, das die beiden dramatischen Erzählstränge des Bildpro-

Martin Luther auf dem Reichstag zu Worms ***(47)***

gramms gleichzeitig auflöst und für das glückliche Ende sowohl der geschichtlichen Entwicklung wie des Märchens steht (Abb. S. 46).

Den Charakter des Märchens als politisches Gleichnis betont Wislicenus noch einmal mit der Supraporte, dem Bild über der Eingangstür: von rechts nähert sich Wilhelm I. in offener Kutsche der restaurierten Kaiserpfalz, links wird Dornröschen durch den Kuss des Prinzen erweckt. Der Kaiser hat nicht nur die Verheißung der Barbarossasage eingelöst, er ist auch der Prinz, der Dornröschen wachgeküsst und den hundertjährigen Zauberschlaf des Reiches beendet hat.

Wie schon eingangs erwähnt: mehr als zwanzig Jahre arbeitete Wislicenus an dem Zyklus, bis er 1897 abgeschlossen war. Es entbehrt nicht einer gewissen Tragik für den Künstler, dass die Zeit in diesen zwei Jahrzehnten gleich in mehrfacher Hinsicht über sein Lebenswerk hinweggegangen war. Die romantisch-allegorische Grundtendenz hatte schon bei der Vorlage des Entwurfs zahlreiche Kritiker auf den Plan gerufen, und mittlerweile war der Realismus zur herrschenden Kunstauffassung avanciert. Der „Kulturkampf", der Gegensatz zwischen

Prolog zum Märchenzyklus: Dornröschens Geburt *(50)*

Staat und katholischer Kirche, der sich mit seiner Geschichtsauffassung in so starkem Maße im Bildprogramm der Kaiserpfalz niedergeschlagen hatte, war 1887 mit einem Kompromiss beendet worden. Und schließlich: 1888 hatte Wilhelm II. den Thron bestiegen. Er war in so starkem Maße von der Idee seines Gottesgnadentums beherrscht, dass er auf eine Legitimation aus der mittelalterlichen Geschichte ohne weiteres verzichten konnte. Weder zur Einweihung des fertig ausgemalten Saales am 29. März 1897 noch zu einer Feierstunde, die am

20. September 1897 – dem 72. Geburtstag Wislicenus' – begangen wurde, konnte man ein Mitglied der kaiserlichen Familie oder einen prominenten Regierungsvertreter begrüßen.

Nicht einmal zwei Jahre später, am 25. April 1899, starb Hermann Wislicenus in Goslar. Sein letztes Vorhaben – die Ausmalung der Marktkirche mit einem Bilderzyklus zum Leben Christi – hatte er nicht mehr ausführen können.

Sein Lebenswerk hatte es immer schwer, ein Publikum zu finden, wie es sich der Künstler vermutlich gewünscht hätte: ein Publikum mit wachem Auge für die zahlreichen Anspielungen nicht nur auf die mittelalterliche Geschichte, sondern auch auf den zeitgeschichtlichen Kontext der Entstehungszeit. Stattdessen war sein Gemäldezyklus für die einen das Denkmal einer überholten Kunstauffassung, für die anderen ein naives Bilderbuch zur deutschen Geschichte. In zahlreichen Büchern über die Goslarer Kaiserpfalz wurden die Malereien nur am Rande gestreift, oft noch nicht einmal erwähnt.

Die südliche Fensterwand. Dornröschens Erziehung und Sommer *(52-58)*

Es mag mit dieser geringen Wertschätzung zu tun haben, dass der Zustand der Bilder sich in den letzten Jahrzehnten mehr und mehr ver-

schlechterte. Ausschlaggebend für die immer augenfälligeren Schäden waren zum einen maltechnische Gründe – Wislicenus hatte praktisch ohne Grundierung direkt auf den Putz gemalt –, zum anderen klimatische Ursachen: Durch das Außenmauerwerk eindringende Feuchtigkeit löste die Malschicht vom Grund, Temperaturschwankungen und Feuchtigkeitseintrag durch den Besucherverkehr taten ein Übriges. Die seit den 60er Jahren von Zeit zu Zeit durchgeführten punktuellen Restaurierungsarbeiten waren nicht geeignet, die fortschreitende Zerstörung zu stoppen.

Die Restaurierung der Wandgemälde zur Jahrtausendwende

Von 1997 bis zum Mai 2002 wurden sämtliche Malflächen im Saal der Goslarer Kaiserpfalz einer umfassenden Restaurierung unterzogen. Das Ergebnis der Maßnahme, die eine siebenstellige Summe

weiter Seite 76

Die nördliche Fensterwand: Winter und Schlaf des Hofstaates *(59–65)*

Der Reichssaal

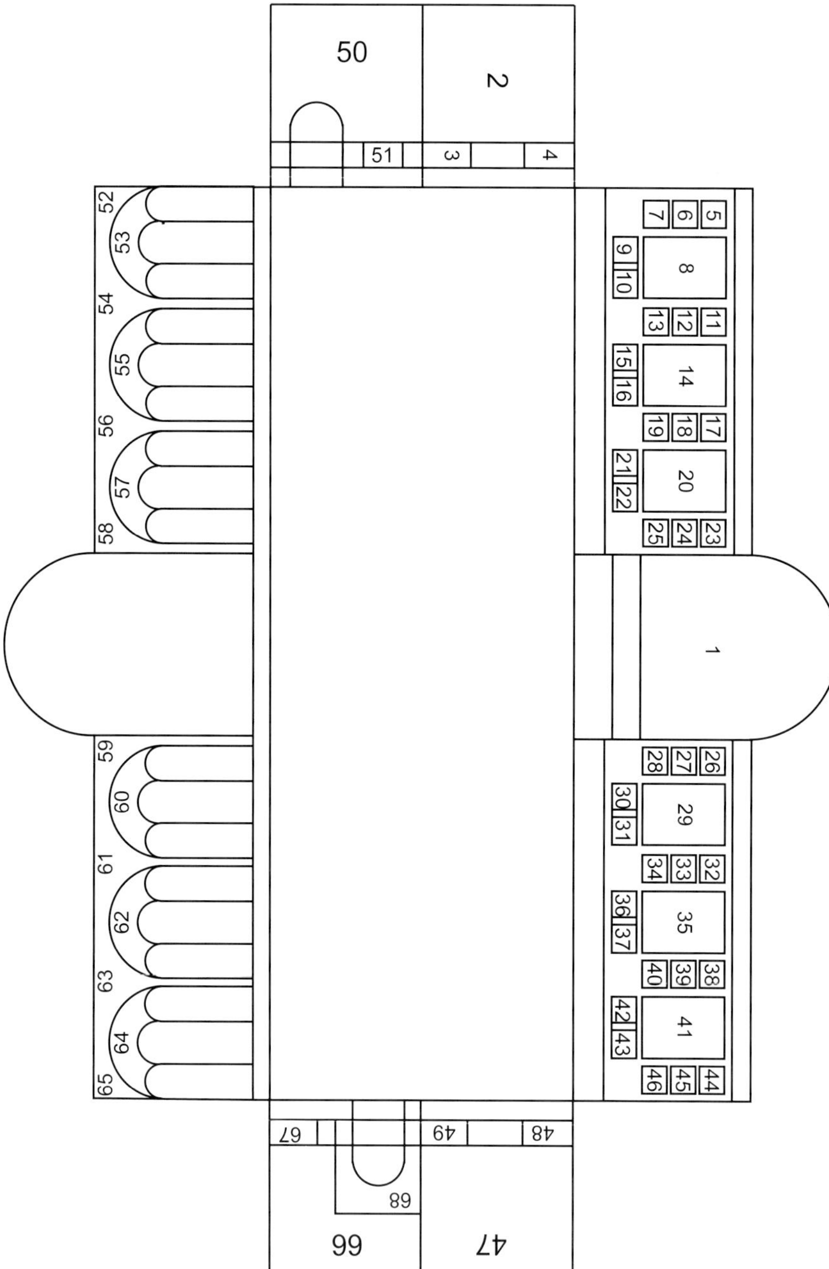

1 Wiedererstehung des Deutschen Reiches, 1871
2 Karl der Große zerstört die Irminsäule, 772
3 Reichstag zu Paderborn, 777
4 Taufe des Sachsenführers Wittekind, 785
5 Entdeckung der Rammelsberger Erze
6 Gründung der Villa regalis zu Goslar
7 Heinrich II. auf der Jagd
8 Kaiserkrönung Heinrichs II., 1014
9 Wahl Heinrichs II. zum König von Italien in Pavia, 1004
10 Königswahl Konrads II., 1024
11 Bischofs-Investitur durch den Kaiser
12 Erbauung der Pfalz Goslar, um 1050
13 Grundsteinlegung der Stiftskirche St. Simon und Judas, um 1046
14 Heinrichs III. Rückkehr aus Italien, 1047
15 Synode zu Sutri, 1046
16 Tod Heinrichs III., 5. Oktober 1056
17 Entführung Heinrich IV. durch Erzbischof Anno von Köln, 1062
18 Fürsten huldigen dem vor kurzem geborenen Heinrich IV., 1050
19 Tod des Gegenkönigs Rudolf von Schwaben, 1080
20 Heinrich IV. in Mainz, 1105
21 Heinrich IV. in Canossa, 1077
22 Heinrich IV. im Gefängnis zu Böckelheim, 1105
23 Bischofs-Investitur durch den Papst
24 Heinrich V. wird im Kaiserhaus zu Goslar vom Blitz getroffen, 1107
25 Der Leichnam Heinrichs IV., 1106
26 Kreuzzug Konrads III., 1146
27 Konrad III. nimmt Heinrich dem Stolzen das Herzogtum Bayern, 1138
28 Welfen und Staufer
29 Barbarossas Fußfall vor Heinrich dem Löwen, 1176
30 Reichtag zu Besancon, 1157
31 Heinrich der Löwe bittet Barbarossa auf dem Reichstag in Erfurt um Verzeihung, 1181
32 Unterwerfung Mailands, 1162
33 Barbarossa belehnt Heinrich den Löwen mit Bayern, 1154
34 Reichsfest in Mainz, 1184
35 Barbarossa in der Schlacht bei Ikonium, 1189
36 Barbarossa trifft bei Ikonium mit seinem Sohn Friedrich zusammen, 1189
37 Tod Barbarossas im Fluss Saleph, 1190
38 Friedrich II. setzt sich die Krone von Jerusalem auf, 1229
39 Heinrich der Lange übergibt Friedrich die Reichsinsignien, 1219
40 Mönche und Muselmanen am Heiligen Grab
41 Hofhaltung Friedrichs II. in Palermo, 1229
42 Heinrich VI. verurteilt in Palermo seine Widersacher, 1194
43 Hinrichtung Konradins, 1268
44 Straßenraub in der kaiserlosen Zeit, 1235–1355
45 Ein Greis erzählt der Jugend von der großen Zeit der inzwischen verfallenen Kaiserpfalz
46 Sänger und Geschichtsschreiber am Grab Friedrichs II., 1250
47 Martin Luther auf dem Reichstag zu Worms, 1521
48 Abendmahl in beiderlei Gestalt an die Fürsten des Schmalkaldischen Bundes und ihre Frauen, 1531
49 Flucht Karls V. vor Herzog Moritz von Sachsen, 1552
50 Dornröschens Geburt
51 Dornröschens Taufe
52 Dornröschen mit ihren Eltern
53 Frühlingslandschaft
54 Dornröschen wird in die Wissenschaft eingeführt
55 Sommerlandschaft
56 Dornröschen bei ritterlichem Vergnügen
57 Herbstlandschaft
58 Verzauberung Dornröschens
59 Schlaf der Kunst
60 Winterlandschaft
61 Schlaf der Politik
62 Winterlandschaft
63 Schlaf des Heeres
64 Winterlandschaft
65 Schlaf der Macht
66 Barbarossas Erwachen im Kyffhäuser
67 An der Bahre der Königin Luise (allegorische Szene, bei der sich neben der königlichen Familie Figuren der Freiheitkriege 1813/1815 an der Bahre der 1810 gestorbenen Königin von Preußen versammelt haben)
68 Einzug Wilhelms I. in Goslar, 1875, links der Prinz und das erwachende Dornröschen

Im Garten der Kaiserpfalz: der „Goslarer Krieger“ von Kaiserringträger Henry Moore

verschlang, begeistert: Nach der Entfernung einer dunklen Schmutz- und Staubschicht, nach der Niederlegung abgeplatzter Partien und behutsamer Ergänzung ist eine intensive und differenzierte Farbigkeit zum Vorschein gekommen, die selbst Kenner überrascht.

Einzigartiges Ensemble: Domvorhalle und Kaiserpfalz

Eines aber machen Restauratoren und Denkmalpfleger immer wieder deutlich: der Abschluss einer solchen Maßnahme ist immer gleichzeitig der Beginn eines neuen Alterungs- und Zerfallsprozesses. Die Frage ist nicht, *ob* einmal eine erneute Restaurierung notwendig sein wird, sondern *wann*. Verhindert werden kann dies nicht, aber verzögert: durch einen sensiblen Umgang mit diesem einzigartigen Raum.

Zeittafel Kaiserpfalz und Stadt Goslar

10. Jh.	Im Zusammenhang mit der Intensivierung des Bergbaus im Oberharz (Silber) und am Rammelsberg (Kupfer) wächst die Siedlung im Tal an der Gose langsam zur Stadt Goslar heran. Neue archäologische Erkenntnisse sprechen dafür, dass schon zu dieser Zeit an der Stelle der Kaiserpfalz erste repräsentative Gebäude stehen.
1005/1009 1015	Unter Heinrich II. erste Hoftage und Reichssynoden in der Goslarer Pfalz, vermutlich einem Vorgängerbau auf dem Liebfrauenberg.
um 1045/1050	Mit der Stiftskirche St. Simon und Judas („Goslarer Dom") und dem heute noch existierenden Saalbau der Kaiserpfalz entstehen unter Kaiser Heinrich III. zwei der großartigsten Bauten der Salierzeit. Die Goslarer Pfalz wird zu einem der wichtigsten Herrschaftsorte des Reiches.
11. 11. 1050	Der Sohn Heinrichs III., sein späterer Nachfolger Heinrich IV., wird in Goslar geboren.
1056	Papst Viktor II. und Heinrich III. treffen sich in Goslar – eine der wenigen Zusammenkünfte eines Papstes und eines Kaisers auf deutschem Boden. Am 5. Oktober stirbt Heinrich III. auf einem Jagdausflug in Bodfeld. Entsprechend einer testamentarischen Verfügung wird sein Körper nach Speyer überführt, sein Herz dagegen bleibt in Goslar. Es ist heute in der zur Pfalz gehörigen St. Ulrichskapelle beigesetzt.
11./12. Jh.	Goslar wächst zu einer mittelalterlichen Großstadt mit 3000 bis 5000 Einwohnern, einer Stadtbefestigung, fünf Pfarrkirchen und vier Stiftskirchen heran. Die Wirtschaft basiert auf Bergbau und Hüttenwesen, der Zentrumsfunktion für die Bergbauregion Harz, Metallhandel und einer Münzprägestätte.
12. Jh.	Nach zwischenzeitlichem Bedeutungsverlust wird die Kaiserpfalz unter den Staufern – insbesondere unter Friedrich I. Barbarossa – wieder ein wichtiger Herrschaftsort.
1219	Letzter Reichstag unter Friedrich II., der Goslar ein Stadtrechtsprivileg erteilt. Dieses wird zur Grundlage des 1330 kodifizierten Stadtrechts.
1253	Mit Wilhelm von Holland besucht zum letzten Mal ein Herrscher die Kaiserpfalz.
1290/1340	Durch Erwerb der Reichsvogtei und Verleihung des Heerschildrechts wird Goslar Freie Reichsstadt. Schon 20 Jahre zuvor ist Goslar Mitglied in einem regionalen Städtebund, der später in der Hanse aufgeht.
1356	erwirbt Goslar Gericht und Zehnten am Rammelsberg pfandweise vom Herzogtum Braunschweig-Wolfenbüttel, das sich aber das Rückkaufsrecht vorbehält.
um 1460	Nach annähernd 100 Jahren geringer Produktivität und zeitweiligem Erliegen des Bergbaus am Rammelsberg beginnt eine Phase großer Erträge, die für Goslar eine wirtschaftliche Blütezeit bedeutet. In dieser Zeit entsteht das noch in großen Teilen erhaltene spätmittelalterliche Stadtbild mit Bauwerken wie dem Rathaus, Gildehäusern, der letzten Ausbaustufe der Stadtbefestigung und gotischen Um- und Ausbauten an den Kirchen. Die Kaiserpfalz erleidet dagegen einen kontinuierlichen Bedeutungsverlust. Sie

ist zunächst Sitz des Vogtes und Gerichtsstätte, später nur noch Kornlager; die Ulrichskapelle wird seit dem 16. Jahrhundert als Gefängnis benutzt.

1525–1527 Durch Rückzahlung der Pfandgelder fordert das Herzogtum Braunschweig-Wolfenbüttel seine Rechte an Rammelsberg und Forsten zurück. Jahrzehntelange Auseinandersetzungen folgen, die sich dadurch noch verschärfen, dass in Goslar 1528 die Reformation eingeführt wird, während das Herzogtum katholisch bleibt.

1552 Goslar sieht sich gezwungen, im Riechenberger Vertrag alle Rechte am Rammelsberg und den Forsten an das Herzogtum Braunschweig-Wolfenbüttel abzutreten. Im Zeitalter des sich intensivierenden Fürstenabsolutismus und des beginnenden Überseehandels wird aus der Freien Reichs- und Hansestadt Goslar nach und nach ein bedeutungsloses Landstädtchen.

1632 Im 30jährigen Krieg besetzen schwedische Truppen die Stadt. Hohe Tributforderungen und Plünderungen beschleunigen den wirtschaftlichen Niedergang.

1728 u. 1780 Zwei verheerende Stadtbrände treffen die Stadt und vernichten jeweils mehr als 200 Gebäude.

1802 Mit der Inbesitznahme der Stadt durch Preußen endet die 512 Jahre dauernde Epoche als Freie Reichsstadt. Mit der Eingliederung in einen Staatenverband und Reformen auf organisatorischem, politischem und wirtschaftlichem Gebiet werden die Voraussetzungen für einen Wiederaufstieg der Stadt geschaffen.

1820 Wegen Baufälligkeit wird die Stiftskirche St. Simon und Judas „auf Abbruch" verkauft. Mit dem „Goslarer Dom" verliert die Stadt eines seiner wichtigsten Baudenkmäler, erhalten bleibt nur die nördliche Vorhalle.

1859 Im „Neuen Lager" werden weitere große Erzvorkommen im Rammelsberg entdeckt. Das Bergwerk wird wieder wichtiger Wirtschaftsfaktor und Arbeitgeber, Besitzanteile hat die Stadt jedoch nicht mehr.

1868–1897 Die vom Verfall bedrohte Goslarer Kaiserpfalz wird restauriert. Nach Gründung des Deutschen Reiches intensivieren sich die Bemühungen, ihr den Charakter eines Nationaldenkmals zu geben.

10. 4. 1945 Mit dem Einrücken amerikanischer Truppen endet in der „Reichsbauernstadt des 1000-jährigen Reiches" die NS-Herrschaft. Wie in ganz Deutschland, so sind auch in Goslar in den vergangenen 12 Jahren die demokratischen Parteien und Institutionen zerschlagen worden, fast alle Mitglieder der kleinen jüdischen Gemeinde wurden deportiert und ermordet. Große Zerstörungen durch Bombenangriffe oder Kampfhandlungen gibt es hingegen nicht.

30. 6. 1988 Die Erzvorräte im Rammelsberg sind erschöpft, mit einem letzten Förderwagen endet ein weit über 1000-jähriger kontinuierlicher Bergbaubetrieb. In den folgenden Jahren wird hier ein Besucherbergwerk und Bergbaumuseum von internationalem Rang ausgebaut.

14. 4. 1992 Als elftes deutsches Kulturgut werden das Erzbergwerk Rammelsberg und die Altstadt Goslar in die UNESCO-Liste des Welterbes aufgenommen.